U0906268

哈佛高效学习法

——如何利用好凌晨四点半的理念

韦秀英 著

青岛出版社
QINGDAO PUBLISHING HOUSE

图书在版编目（CIP）数据

哈佛高效学习法:如何利用好凌晨四点半的理念 / 韦秀英著. —青岛:青岛出版社，2021.4
ISBN 978-7-5552-8826-8

Ⅰ. ①哈… Ⅱ. ①韦… Ⅲ. ①学习方法 Ⅳ. ①G442

中国版本图书馆CIP数据核字（2020）第189838号

书　　名　哈佛高效学习法——如何利用好凌晨四点半的理念
作　　者　韦秀英
出版发行　青岛出版社
社　　址　青岛市海尔路182号（266061）
本社网址　http://www.qdpub.com
邮购电话　18613853563　0532-68068091
责任编辑　李文峰
特约编辑　郑丽丽
校　　对　魏　铢
装帧设计　白砚川
照　　排　梁　霞
印　　刷　三河市良远印务有限公司
出版日期　2021年4月第1版　2021年4月第1次印刷
开　　本　32开（880mm×1230mm）
印　　张　8.5
字　　数　150千
书　　号　ISBN 978-7-5552-8826-8
定　　价　39.80元
编校印装质量、盗版监督服务电话　4006532017　0532-68068050

前　言

哈佛大学，无数年轻人梦想中的求学天堂。

哈佛大学自建校以来，便矗立于世界名校之巅。

从哈佛大学走出的政治家、科学家、文学家、艺术家以及其他领域的精英人士不胜枚举，你可能随随便便就能列举出几位从哈佛走出的总统或者诺贝尔奖获得者的名字。他们在哈佛除了学到了领域内的专业知识，还拥有了人生的理想、观点和信念，更为重要的是，他们身上都有着“哈佛人”的风采。有一位哈佛教授曾经说过：“人才的培育与成长，并不在于方法，而在于观念；并不完全依靠勤奋，而主要靠思想。”这些都是哈佛的独特教育魅力所在！

如果你有机会走进哈佛大学，恐怕让你印象最深刻的就是分散在学院各个角落埋头苦读的哈佛学子。他们的学习是不分昼夜的，哪怕是凌晨四点半，你也能够看到校园里一片灯火通明，图书馆、教室、实验室，甚至医疗室，都是认真学习、做笔记和冥思钻研的哈佛学子。

哈佛学子懂得努力的重要性，但是他们更讲究学习的方法。在激烈的竞争中，他们拼的不是付出了多少时间与精力，而是在相同的时间内谁能取得更好的学习效率。

哈佛商学院工商管理系的 W.C. 柯伟林（W.C.Kirby）教授曾说过："唯有学习力，才能让孩子真正提升学习效率，成为学习的主人。"在全新的时代、全新的教育背景下，如果我们仍然以传统"埋头硬啃"的方式去学习，恐怕只会事倍功半。相反，如果我们掌握了高效的学习方法，在扎扎实实的基础上再进行努力，则会取得事半功倍的学习效果。

如果只顾学习上的成绩，就算每门功课都得到 A（优秀），离开学校后我们也可能因为缺少社会实践经验而无法在社会上立足。哈佛一直提倡学生全面发展，目的是培养真正对社会有用的实用型人才。除了掌握最高效的学习方法，我们还要挖掘自己各方面的潜能，这样才不会被时代淘汰。

本书将带你走入"哈佛人"的世界，带你领略"百年哈佛"的精神风貌，"旁听"哈佛教授的精彩讲解，了解并学习到哈佛学子的高效学习法。除了必要的勤奋，你还应该学会制订计划、学会创新的思维模式、学会时间管理、学会去掌控专注力、学会与人沟通……

凌晨四点半的哈佛，校园内灯火通明，照亮的是你的前程，还有你的心。

contents **目 录**

前 言

第一章
以目标指引人生：让哈佛学子蜕变的学习计划

来自哈佛的指引，你需要明确的目标 003
哈佛的时间表：从昨天到今天，再到明天 007
属于你的学习计划：系统提升成绩的根本 010
高效记忆力培养，充分发挥你的潜能 013
从点到面的突破：被强化的细节意识 017
反馈的作用：在学习中反思，在反思中进步 019

第二章
独特的“哈佛式”思考：从思维快捷至思路清晰

被禁锢的想象力与沉睡的创造力 025
哈佛学子的专属思维训练课 028
三种“哈佛式”思考方式：有效完善自我的秘方 033
思维的快与思路的慢 036
突破常规的思考，难题变得简单 041
唯一的结果与一百条路 044

第三章
和时间赛跑的哈佛人：充分利用好每一分钟

哈佛人的时间观：今天不走，明天要跑 049

每天一小时，那些被偷走的时间 053

哈佛的时间管理课，让一切井井有条 058

立刻、现在、马上：牢记哈佛人的人生信条 062

哈佛人的自觉与自律：轻松告别拖延症 066

强大的执行力：哈佛人总比别人快一步 073

在超越中进步，明天比今天更好 078

第四章
兴趣是最好的老师：敢于追问本质的哈佛精神

在兴趣中找到乐趣，在学习中创造快乐 085

十个缺点与一个优点的启示 089

哈佛兴趣培养法：从被动学习到自主学习 093

天才的诞生：在擅长的领域创造奇迹 096

哈佛的创新思维：给人生带来不同 102

请教的智慧：打破砂锅问到底 107

精准的判断力：助你快速找到突破口 112

第五章
高度专注的哈佛人：把每一件事都做到极致

被忽略的专注力：在不断突破中实现自我 119
排除外界干扰，专注地学与专注地玩 124
自律的生活准则，成就王者风范 128
哈佛人生教条：想要成才，必先成人 132
忍常人所不能忍，自我控制释放的力量 137
情绪控制：哈佛教你做自己的主人 141

第六章
哈佛的成功哲学：每个人的内心都有一座宝藏

我一定能学好：每个哈佛人的信念 147
走出自卑的泥潭，人生就有无限的可能 151
战胜恐惧：原来恐惧并没有那么可怕 156
乐观向上：将优秀当作一种习惯 160
坚强的意志力：克服一切困难的决心 164
遵从内心：在自己的路中走向成功 168
精力管理：充沛的体力是学习的基础 172

第七章
每天多学一点儿：哈佛人一直坚守的行为习惯

从凌晨四点半开始：常人所不知道的秘密 179
勤奋与拼搏：竭尽全力才能有所收获 184
汲取知识：哈佛最贵重的资产 188
正视无知：你不可能知道世界上所有的事 192
努力才会优秀：世界会为奋斗的人让路 196
哈佛的奋进精神：坚持理想并有实现的决心 200

第八章
沟通是质变的起点：从今天开始编织人脉

有效沟通：哈佛人从来不会输在表达上 207
善于提问：总是被忽略的学习技巧 212
共同进退：有竞争才会有突破 216
找准关键：突破瓶颈最有效的方法 220
学会欣赏：向成绩更好的人学习 224
懂得分享：一起成长更显自我价值 227
互动交友：打造一生受益的优质朋友圈 231

第九章
保持决胜的姿态：向哈佛人学习如何管理压力

“哈佛式”解压：轻松应对每一次考试 237

在批评中进步，那些促进你成长的声音 241

再坚持一下：哈佛人直面困难的决心 245

在哪里跌倒就在哪里站起来，让失败更有价值 250

强大的抗挫力，哈佛人是这样成长的 253

绝不气馁的精神：攀登更高的山峰 257

第一章

以目标指引人生：让哈佛学子蜕变的学习计划

来自哈佛的指引，你需要明确的目标

无论你的过去怎样，过去并不能决定什么，关键在于你的现在。每个人必须要有一个目标，当你有了目标，你就能清楚地知道接下来该怎么做，你的学习计划就会更有针对性、更容易实现突破。

目标对人生的影响非常大，哈佛大学针对“目标对人生的影响”进行过一个长期的调查。调查的对象无论是智力水平、学历还是环境条件都相差无几，但是他们的人生轨迹有很大的差别，原因在于目标的设定。

3% 的人拥有清晰且长远的目标，生活在社会的最上层，因为他们一直朝着一个方向努力，最终他们成为社会各界的成功人士。

10% 的人拥有清晰、短期的目标，生活在社会的中上层，因为短期的目标不断地实现，生活得到了巨大的改善。

60% 的人拥有目的性不明确的目标，生活在社会的中下层，因为他们并不清楚自己真正想要的是什么，也不知道自己应该追求什么，只能安稳地生活，更无法获得特别好的成绩。

27% 的人没有目标，生活在社会的最底层，不知道自己可以做什么，也不知道自己应该怎么做，久而久之，他们渐渐游离在社会的边缘，失去了提升自己的机会。

只有拥有清晰明确的学习目标，并且这个目标切合自己的实际情况，你才能获得真正的提升。因为目标就是学习的方向，就是人生的航向，只有找准方向才能持久地走下去。

目标会让你获得强大的精神力量，会让你更加清楚自己想要什么。正如哈佛大学理查德·波斯顿（Richard Boston）教授所说："人生需要树立积极的目标，它将会产生巨大的激励作用。"然而，目标所产生的作用不仅仅如此，它帮助无数人获得了成功，在生命中创造出了无限的可能。

目标通常分为 3 类——长期目标、中期目标和短期目标。

不同的目标所起到的作用是不同的，所以在制订目标时你一定要结合自己的真实情况，在短期内达成长期目标，那定然是不现实的。任何一个长期目标的实现必然是无数个中期目标堆积起来的，而每一个中期目标的实现又是无数个短期目标积累起来的。每天进步一点点，时间一长，你就会取得巨大的进步。

每个哈佛学子都提倡制订学习目标，比如在制订详细的周学习计划时，他们会将每天要做的事情都写在纸质日历上，最终形成周计划。这样一来，每天要完成什么，每周要完成什么，一目了然。每当他们完成一个计划，就在日历上进行标记，在这个过程中，他们逐渐获得了巨大的满足感。他们每天在校园的生活都过得十分充实，学习成绩也相应地会越来越好。

你究竟想要什么？究竟应该怎样做？人生之路，切莫慌乱前行，那样可能会失去很多机会。我们按照自己的实际情况给自己制订明确的目标，然后将目标细化成各个可以执行的小细节，再按照这个计划一个一个地去实现，这样最终能抵达自己的"目的地"。

在确定明确的目标之前，你应该了解以下几点：

1. 目标必须由自己来设定

很多人的目标是由家长或老师来制订的。家长或老师所制订的目标是从旁观者的角度出发，并不一定真正适合自己。只有你自己参照家长和老师的建议，审时度势地去设定目标，在执行计划的过程中才能激发自己的主观能动性。

2. 目标的制订必须符合SMART[1]原则

S（Specific）：目标的内容要具体。

目标不能是抽象的，必须有明确的规定，也就是可执行的细则。例如“我要养成每天读书的好习惯”这个目标就是抽象的，没有实际的践行价值；“我每天早上六点半起来阅读一个小时”这样的目标就具有可执行性。

M（Measurable）：目标是可以进行衡量的。

检测目标究竟有没有实现，我们可以从完成的时间、数量、质量等几个方面进行衡量。比如阅读，每天早上读一章内容，如果想精益求精的话，你可以把章节内的重点整理成读书笔记。

A（Attainable）：目标应该是可以达到的。

目标，不能太简单，也不能太难。目标太简单就没有挑战性，实施起来没有太大的实际意义；目标太难就无法完成，会打击自己的积极性，长此以往计划也难以为继。所以目标的制订应该考虑可执行性，最好有具体的可执行计划，然后你要注意的是不要拖沓，立即行

---

1 SMART原则：S，Specific；M，Measurable；A，Attainable；R，Relevant；T，Time-bound。SMART原则便于员工更高效地工作，也为管理者提供了考核标准，使考核更加规范化，更能保证考核的公正。

动起来。

R（Relevant）：目标应该与志向相关。

你的兴趣点和人生志向，会帮助你建立适合自己的目标，从而确定精准有效的努力方向。如果目标与志向无关，你可能努力半天却进入一个自己完全陌生的领域，那样你的未来很可能会失败。

T（Time-bound）：目标应该有完成时间。

在执行目标的过程中必须设定时限。时限会让执行者内心有个时间规划，同时还能产生一种紧张感，更能激发你的主观能动性。短期目标和长期目标的实现所需要时间的长短是不同的，短期目标是需要短时间内实现的，而长期目标则是对人生的布局，你需要花费更多的时间和精力来实现。

3. 目标应该从“一”开始

所有的成功都是一点一滴累积起来的，目标也是如此。无论多么宏大而又长远的目标，都是由眼前一个又一个的小目标累积而成的，所以你应该从小目标开始，然后不断地累积小目标直到达成大目标。只有短期目标不断地实现，才会有长期目标的达成。

4. 每天朗读你的目标，并定期自查

你要记住你的目标，最好每天能“朗读”目标一次。比如，在早上起床之后，大声朗读今天的目标，它会在内心深处告诉你今天该做什么，并烙在你的记忆里，逼迫你不断地前进。不仅如此，你还要定期自查，确定每一个目标能顺利完成。

我们年轻人正处于人生的黄金时期，应该通过不断的学习来充实自己，为此你必须拥有明确的人生目标。带着目标去学习，你将更有前进的动力，更清楚自己该学什么，学习的方向会更加明确，学习起来的效率会更高，因此你的努力自然不会白费。你会每一天都看到自己的进步，自然能获得理想的成绩。

哈佛的时间表：从昨天到今天，再到明天

人执着于过去，是因为逝去的时光中总是有太多遗憾，让我们有想要从头再来的念头。你的目标有没有实现？你的人生将走向何方？这些是关于未来的思考。

从昨天到今天，再到明天，我们应该用什么样的心态去面对呢？

人需要不断创造新的价值，而不是活在过去的成绩或悔恨之中，也不是活在对未来憧憬的虚妄之中。目标让一切变得意义非凡，但你必须把握好每一个时刻，努力走下去，才能一步一步地去实现目标。

不念过去，不畏将来。

哈佛的时间表告诉我们三件很重要的事情：

第一件事情：越是遥远漫长的航行，越需要目标来指引方向。

在哈佛有一句著名的警句，至今仍然影响着每一位哈佛学子：“目标不是决定一切的，但它就像是船的罗盘，如果没有罗盘，船就不知道驶向何方，也不知道什么时候能到达目的地。”目标让哈佛人用“发展的眼光”来看待人生的一切，有些事情已然过去，不必耿耿于怀，只有把握好当下，你才能一往无前。

目标正是将过去、现在和未来紧紧串联起来的关键，它就像是一把钥匙，不停地为你揭开未来的秘密。目标的制订、实施与实现是人生最大的乐趣之一。

学习从来不是一蹴而就的，它是一个非常漫长的过程。你需要不断地积累、不断地思考才能学到真正的本领。你只有不断地努力下去，才能产生源源不断的动力，让目标变得更加清晰。

第二件事情：越是面对勾人心弦的诱惑，越需要目标来稳定心态。

生活中有很多诱惑，每时每刻都在分散你的注意力，影响你的行动，今天你停留下来，明天你就会落于人后。当同伴都在奔跑的时候，你千万不能停下来，反而要比他们跑得更快，才能最先到达终点。

哈佛学子会将目标当成自己的猎物。一旦盯上猎物，他们就会尽量摒除一切杂念，穷追不舍，直到将猎物收入囊中。在他们眼里，目标就是“唯一的存在”，再大的诱惑也不能动摇他们追求目标的决心。正是这份决心和毅力，让他们变得更加优秀。

人的潜力是无限的，人若是被外界不利的因素所影响，那么将很难集中精力去发掘自己的潜力。因为你的视线里不再只有一个终点，当无数个终点摆在你的面前，你就会止步不前，这与没有目标无异。

第三件事情：越是无所畏惧的前进，越需要通过制订的目标来进行取舍。

人的一生是短暂的。童话故事里，下山的猴子想要西瓜，又想要玉米，还想要兔子，最后它什么也没有得到，只能空手而归。这是因为猴子并不知道自己真正想要什么，所以不懂得取舍，只能“眉毛胡子一把抓”。

学习也是一样。如果你没有学习计划、没有目标，那么你就不知道自己该怎么学、该学些什么。

哈佛校内图书馆有着丰富的藏书，你没有足够的精力去将每一本书都看一遍，只能挑选出那些对你有帮助、能让你实现目标的书来读。不仅如此，你很难对挑选的每一本书都进行精读，只能精读那些对你现在帮助最大、能带给你最大提升的书。只有这样，你的学习才会有效率。

你可能会有这样的疑惑：尽管你很努力，将时间都利用起来了，可是仍然没有学到东西。因为你只是在“假努力”，你的努力缺乏指导性和方向性。我们不妨学习一下哈佛学子的学习法则：知道自己想要什么，知道哪些是自己需要的。目标是他们进行取舍的依据，他们将那些对自己帮助不大的东西剔除出来，然后将更多的精力放在自己需要重点学习的科目上，因而他们能取得理想的成绩。

在人的一生当中，需要进行无数次选择，每一次选择都至关重要。今天所取得的一切，来自你昨天的选择。你今天的选择，又将决定明天的成果。选择那些对你帮助最大的东西，你才能获得最高的成功概率。

属于你的学习计划：系统提升成绩的根本

在实现目标的道路上，你的视野会逐渐发生巨大的变化。目标给予你的不仅仅是明确的方向，还有心态上的改变。

每个人都存在着惰性。明明今天应该完成的事，因为惰性被推迟到明天，可是到了明天，你又会下意识地将它推到后天，依次往后推，最终离目标越来越远。假如当时你严格执行学习计划，一切是不是会变得不一样？究其原因，无非是人的惰性在作梗。但其中的根本因素却是人的习惯。生活中的一些习惯决定着人的行为方式。

一个人想要改变自身的格局，就必须养成良好的行为习惯。所谓“不破不立”，懒惰是前进最大的阻碍，你必须勇敢地跨越过去，而不是被懒惰打倒。前进的利器就是制订计划，逐渐培养不懒惰的好习惯。哈佛学子的好习惯是在详细的学习计划中培养起来的，他们身上的惰性习惯也因为学习计划而得到了改变。

也许以往你的成绩并不好，但这并不能说明什么。只要你肯改变，破旧立新，你也可以让成绩提升上来。有时候，一个好的学习方法可能就会改变一个人的一生，因为你之所以拿不到好的成绩，也许是因为你没有制订适合自己的学习计划，没有为自己的人生做详细的规划而已；也许你为自己制订过目标，但仅仅是目标而已，并没有详细的计划来支撑目标，渐渐地你就失去了执行目标的动力。

任何时候，只要你肯迈出这一步，你的人生将迎来新的突破。

细致到每一分钟的学习计划，让你不再有懒惰的借口。

回想一下你为自己制订的学习计划：今天学什么，明天学什么，后天学什么，这周要学成什么。现在，你发现问题了没有？你的计划是按天来制订的，今天有今天的任务，明天有明天的任务，这样设定目标确实无可厚非，也是标准的学习计划。可是你想过没有，今天有24个小时，对计划而言是不是“太长”了？

很多时候，你之所以没有落实计划，是因为你给自己设定的时间太宽泛了。记住，你的每一天都有24个小时，当你把计划以小时或分钟为单位设定时，你会发现自己居然不懒了。因为你没有找到借口偷懒，因为每个时间点就是你用来完成预定计划的，其他的事情可以往后推一推。

当人没有偷懒的借口时，行动力就会大大提升。以往你总会说自己没有时间看书，但是现在你为自己规定了详细的看书时间，自然就有时间看书了。每天坚持下去，你就会慢慢地形成看书的习惯，不再依靠外力，就能自觉地完成计划，从而自然地实现目标。

在制订计划时，你要结合生活习惯来设定具体的执行时间节点。

每个人的生活习惯都是不同的，有的人喜欢早睡早起，有的人喜欢晚睡晚起……所以你在设置时间节点时，一定要将习惯考虑在内。如果你只是为了制订学习计划而去刻意改变自己的作息时间，就会让计划失去原有的意义。因为不符合个人习惯的计划，很容易造成身体的疲惫，从而让自己感受不到学习的乐趣，也更无法提高学习效率，最终计划可能半途而废。

哈佛的学子在制订学习计划时，通常也会结合自己的生活习惯等因素，这个计划通常只适合他们个人，而不是很适合其他人。有的人为了使自己的学习计划与他人的学习计划保持一致，强行改变自己的作息时间，最终往往导致自己的计划无法执行下去。每个人每天的时间都是相同的，每天遇到的人、经历的事都不相同，所以每个人设置的时间节点自然也不相同。如果你习惯早上五点半起床，那么可以多安排一点儿时间来进行早读；如果习惯早上七点半起床，那么就少安排一点儿时间来早读，甚至可以取消早读，将读书的时间改到晚上，能起到相同的效果。

每个人的最佳学习时间点也是不同的。有的人早上比较清醒，那么他适合在早上进行学习，把学习计划的时间点安排在早上；有的人却是午睡之后比较有精神，那么就把时间安排在午睡之后……你在最好的时间段内进行学习，效率自然更高。

在达成目标的过程中，每个人都会遇到困难。对于难点你必须优先解决，因为最开始时人的精力是最旺盛的，思维也更加活跃，有利于快速解决难点。至于那些轻松的事，你放在后面来做，更能体现出较高的学习效率。

有时候，不是你花在学习上的时间不够多，而是你没有找到合适的学习时间节点，也没有制订属于自己的学习计划。所以，哈佛提倡根据个人的实际情况来制订合适的学习计划，这会有效提升人的学习能力，并养成良好的学习习惯。

学习从来没有捷径可走，需要一步一个脚印地走上去，妄想一步登天的人永远学不到真正的知识。

任何时候，你都要端正自己的态度，思考自己为何要学，学的目的是什么，然后再针对自己的情况制订合适的学习计划。

高效记忆力培养，充分发挥你的潜能

在学习的过程中，有人总是抱怨自己的记忆力不行，没有办法将书本上的知识全部记下来。一个人的记忆力如何，直接决定着最终的学习效果如何。然而，人的记忆力有限，不可能完完全全地记住所有的事情。人的大脑在记忆时总会下意识地进行选择和甄别，对自己意义越重大的事情就越容易被记住。

如果我们有意识地对某些知识进行标识，就很容易加深自己对这部分知识的记忆，进而使人对此产生深厚的兴趣，并对此充分发挥自己的想象能力，所以更容易记住。

下面这些记忆方法，能够帮助你提高记忆力，并充分发挥自己的潜能。

1. 形象记忆法：将要记忆的材料转变成有趣的画面

很多知识不是靠死记硬背就能掌握的，理解知识比什么都重要。哈佛大学有关记忆的研究表明，要实现高效记忆，就要将事物形象化与图像化，而不是简单地依靠想象力。比如人们在电影院看电影的时候，眼前生动的画面与情节就会不自觉地印在人的脑海中，而且很容易被记忆。在这个过程中，人们并没有刻意去记忆什么，但是画面自动在脑海里生成了记忆。也就是说，当人们在记忆的时候，最深刻的是形象内容，它也容易形成长时记忆。

学生在学习的过程中，当需要背诵某一个段落或某一首诗时，有的学生先要一遍一遍地读，然后才能将它们记住；而有的学生会选择巧妙的记忆方法，根据文字所描绘的内容，在大脑里形成生动有趣的画面。这样的方法不仅让学生记得轻松，而且记住的内容还不容易忘记。

但生活中有很多知识是十分枯燥的，很难转化成图像。这是因为绝大部分人在被动地运用形象记忆，很少有人主动地进行形象创造，更别提进行规律的形象记忆了。很少有人天生拥有超强记忆力，大多是通过后天培养出来的。

2．关联记忆法：让抽象的东西与熟悉的东西建立联系

那些我们比较熟悉的事物总是很容易在大脑中形成记忆，但是很多抽象的东西很难被我们记住。针对这种情况，我们可以将抽象的东西与熟悉的东西联系起来，形成关联，从而记住那些抽象的东西。

所谓关联，相当于一根绳子，一头是熟悉的、印象深刻的事情，另一头是陌生的、晦涩难懂的事情，它将两者紧紧地结合起来。回忆时，我们可以通过对熟悉事情的感知，进而联想到不熟悉的事情上来，从而最终达到“轻松记住”的目的。

如果两件事没有直接的关联，无法进行联系，那么我们就需要通过想象力，让两者联系起来。人的想象力是无限的，只要充分发挥想象力，就能形成关联记忆。比如要记住某一张扑克牌，可以将红桃8想象成鳄鱼，方块4想象成某位歌星，如果让鳄鱼咬住歌星，那么当我们想到鳄鱼时，我们就会想到歌星。这就是关联记忆法。将不相关的事情一个一个串联起来，形成连续的记忆，就能很好地提高记忆能力。

3．理解记忆法：在牢记前对内容进行深入的剖析

一位哈佛教授曾在课堂上做过这样一个实验。他在黑板上写下

20个单词：信封、纽扣、杯子、碗、邮票、线、茶叶、勺、汤壶、剪刀、茶壶、碟、信纸、针、炉子、筷子、笔、衣服、火柴、酒杯。然后他给学生五分钟的时间来记忆这20个单词。

这位教授将黑板上的单词擦掉后，让学生来默写这20个单词。最终结果显示，那些默写出单词比较多的学生是将这20个单词进行了分类，比如与喝茶相关的、与吃饭相关的、与通信相关的、与裁剪衣服相关的……我们通过这样的分类整理，使记忆变得更加容易。

这些看似没有关联的词语，因为人们的深入剖析产生了关联。事实上，理解是记忆的基础，只有我们充分理解要记忆的内容，才能让记忆变得更加牢固。但理解不仅仅是字面上的理解，还是我们以内容材料为前提，去寻找材料之间的逻辑关联。

理解记忆法是最普遍的一种记忆手段，比如对于原理、定义、公理以及法则等，我们都需要先理解其内容，然后才能有效记住。理解记忆的前提就是思考，通过深入的思考，让材料变得透彻，变得更容易记住。

理解记忆法还能在新旧知识之间建立起联系，我们可以让新的知识点架构起支撑点，而不再是靠死记硬背了。死记硬背记住的东西总是容易忘记，我们可以先通过理解，再将系统化的内容纳入自己的知识体系当中，然后让这部分知识成为自身整体知识架构的一部分。

比较记忆法：在类比中寻找事件的相关性。

生活中常有同学遇到这样的麻烦，就是一些看似相似又实际不同的知识很容易被混淆，无论我们背多少次，还是会弄错。我们在记忆这些材料前，要先弄清楚它们的相同与不同，然后进行比较记忆。

所谓比较，就是要先有思考与分析，再进行有效合理地鉴别，找到材料的异同，然后才能清楚地辨别出材料的相互关联，使我们理解起来更加深刻。这样做有利于全面了解材料，获得立体的记忆效果。

之所以会将两个材料记混，主要原因是我们对材料的辨别不够准确。如果大脑记录的信息是错误的，那么我们在回忆时自然不可能获得正确的结果。所以通过比较能达到准确记忆的效果，避免错误发生。而且比较本身是对材料的一种深入分析，我们将材料之间的相似处与不同处全部标示出来，在记忆时可以进行类似的比较，各材料的特点更加突出，印象也会变得更加深刻。

辨别材料，你可以采用“同中求异”或“异中求同”的方式去进行比较记忆。“同中求异”就是在具有同一性的两种或几种材料中找出它们的不同点，不是简单地判断材料本身，而是抓住两种或者几种材料的细微特征进行记忆；而“异中求同”就是在具有差异性的两种或者几种材料中寻找出它们之间的相通之处，我们只有深入到本质上分析问题，记忆才能变得更加扎实。

无论采用哪一种记忆方法，都需要对材料进行深入的分析，做出准确又细致的判断，你才能真正记住所需要记的东西。过目不忘的背后正是强而有效的记忆方法，每个人都拥有无限的潜能，掌握属于你的记忆方法，你也可以成为记忆大师。

从点到面的突破：被强化的细节意识

哈佛大学一直强调细节的重要性，它能反映一个人的内在素质，主要表现在对微小事物的重视。现在很多人并不注重细节，认为细节在学习上所起到的作用并不大，然而细节有时候能决定事情的成败。

学习的机会无处不在，面对同样一件事，细致入微的人更能发现事情背后隐藏的问题，从而可能比别人更能抓住稍纵即逝的机会。

艾萨克·牛顿（Issac Newton）发现了万有引力定律，因为他注意到了苹果落地这一现象，而不是像其他人那样忽略它的存在。当你注重细节时，你就会发现很多隐藏的有价值的问题。

人的成长其实就是从发现细节、思考细节开始的。许多真理显露时只是通过一个很不起眼的事件，你是否能敏锐地发现它的存在并找到解决问题的办法，决定着你是否能发现真理的存在。有些问题在很多人眼里只是一个小问题，可是小问题能被无限放大，最终影响到全局。我们不仅要发现小问题，更要发现小问题背后隐藏的有价值的东西。

无法发现问题，本身就是问题。人都会不可避免地犯错，重要的不是犯错本身，而是要及时发现错误，找到补救的方法。老师在课堂上提问时，为何总有人把头压得很低，害怕被老师提问，而不是在面对问题时，主动举手回答？

学习需要自主地思考，而不是被动地接受。任何时候都要注重细节意识的培养，最终你会收获意想不到的成果。那么，细节意识应该如何培养呢?

1．要拥有发现和解决细节问题的意识

细节无处不在，如果没有发现细节的意识，那么你就很难发现细节的存在。

2．要提高对细节问题的敏感度

敏锐的观察力是发现细节的根本，所以我们平时就要培养自己的观察能力，不要忽略每一个小细节。

3．要有对细节的责任感

人要有基本的责任感，责任感会让人的能力变得更加出众，会发现细微之处的东西。没有责任感的人，往往是粗心大意的，他们对待事情的态度就是不出问题就好，而不是把事情处理到最好。

4．要培养对细节的辨别能力

人如果没有足够的辨识能力，就会让细节从身边溜走，从而错过抓住机遇的最佳时机。越是微小的事情，发生的概率就越低，越需要敏锐的辨识能力。

细节无处不在，我们任何时候都要引起重视。

当你注重细节的时候，你会发现你的学习效率越来越高，你的思维也变得越来越活跃。那是因为注重细节需要思考，思考会调动你的积极性，让你的自主意识更强，让你不仅仅活在当下，而且看得更远，实现由点及面的突破。

反馈的作用：在学习中反思，在反思中进步

人之所以无法看清自己，很大的原因在于不懂得反思。

反思是一面镜子，能帮助你看清真实的自己，特别是在面对别人的质疑时，反思能让你正确地对待别人对你的批评，而不是一味地排斥。

你想要变得更好，必然要虚心接受批评。批评可以起到警示的作用，它意味着你可能有些方面没有做到最好。这时你需要停下来，好好反思自己。

在哈佛大学，导师会定期对学生进行反思教育。

课堂上，导师会引导学生自己向自己提问。比如最近的执行力怎么样，是否完成了制订的小目标；现在的学习压力怎么样，是否感到了学习的快乐。其实这种做法的目的就是让学生们反思过往，帮助学生养成反思的良好习惯。

每一个人都应该积极进取，反思自己在做事方法以及行为上是否有所欠缺，有没有可以改进的地方……我们只有把事情处理得更好，才能学到更多的知识。

在学习过程中，我们不仅要学会制订学习计划，还要严格要求自己，不停地反思自己的行为，反思自己是否真的完成了每天制订的计划。反思，事实上就是一种自我监督，帮助你进一步完善计划。如

果你不懂得反思，就不知道自己这段时间的得失，后续也很难有所进益。

任何计划都有改进的空间，特别是在失败时，如果不懂得反思，就不可能从中吸取经验和教训，就很难做到反败为胜。失败之所以能孕育成功，就是因为反思让人获得进步。

有时候做得好与做得不好，就在一念之间。一个念头决定你的最终成败。做任何事情的时候，你要懂得停下来反思一下，思考自己还有哪里没有做到位，这可以杜绝一些潜在的隐患，让事情变得更加完美。反之，如果你只是做，而不进行反思，很可能因为忽略某个细节，结果一败涂地。

那些学习成绩好的人大多善于反思，他们每天晚上入睡前会抽几分钟出来，好好反思今天所做的事。哪件事做得还算满意，哪件事没有取得理想的结果，还有哪些地方可以改进以及明天要完成什么、如何完成……通过反思，他们敏锐地找到问题所在，在接下来的学习中可以扬长避短，从而有效地提高学习的效率。

每个人都有自己的长处和短处，我们只有认清自己的长处，才能做到扬长避短。反思的过程就是一种认知自我的过程，你想每一天都进步，每一天都更加出色，那么你就必须学会有效的反思方法，在反思过程中强化自己的优点，勇敢地面对可能出现的状况，在遇到批评时，才能坦然接受。

反思本身就是一种强大的学习能力，可以帮助你正确认识自己所犯的错误。但人最难做到的就是客观地反省自己，总是会下意识地“主观臆断”。

在反思的过程中，我们能够发现自身的不足，找到问题所在，并且将自己犯过的错误总结归纳起来，避免再犯同样的错误。那么，对青少年来说，应该怎样“反思”呢？

1. 从小事开始反思，循序渐进地让反思成为习惯

对于生活和学习当中发生的一些小事，无论好与坏你都可以进行反思。好的状况能够给你带来成就感，坏的状况能够增长你的个人经验，在反思中都能够让你获得进步与成长。当你养成了反思的习惯之后，再去经历一些人生中发生的大事小事，自然而然地就会开始反思——事情的好与坏、自身的优势与不足、整个事件的利与弊。

2. 除了学习上的事情，生活中的事情也要反思

日常生活中人人都会犯错，如果你不懂得反思，就无法解决问题，也无法避免犯同样的错误。利用日常生活中发生的事情，不断地反复训练自己的反思能力，就能够逐步养成反思的习惯。比如你和家人发生了矛盾，或者和好朋友发生了争吵，如果你不去反思，不去思考为什么会发生这样的事情，就很难找到问题的关键所在，更无法解开自己的心结。

3. 学会写“反思日记”

写反思日记不仅可以清晰地记录自己犯错的过程，告诫自己以后不要再犯类似的错误，还能够提升自己的思想境界、眼光以及看法。

学习的路程是漫长的，这就需要你全神贯注地去对待。当夜深人静时，当你遭遇挫折时，当你遇到不如意的事情时，一定要及时反思。记住，每时每刻，你都要保证十足的激情，不停地反思自己，纠正自己的行为，确保自己走在人生正确的道路上。

很多人在遇到问题时总是把责任推给别人，而不是从自己的身上找原因。比如，重要的考试到来了，却因为早上下雨而迟到了，他就会抱怨天气恶劣，从来不会想一想自己为什么不提前一点儿出门呢。生活中有太多意外，我们要学会多从自身找问题，反思自己的行为，这样才能从根本上杜绝不好的意外状况发生。

第二章

独特的“哈佛式”思考：从思维快捷至思路清晰

被禁锢的想象力与沉睡的创造力

人的大脑是神奇的，里面装着许许多多奇怪的想法，甚至装着整个世界。每个人都是自己大脑中的主角，可以尽情地在里面畅想各种美好与不美好的事情；可以成为自己想成为的人，做自己现实中敢想不敢做的事情……你由此感受到了一种超脱现实的乐趣，这就是想象力带给你的自由。

但是，人总归要回到现实。想象出来的东西固然美好，但只是水中月、镜中花，不可能完全代替你的生活。尽管如此，你可以通过想象力来充分发挥你潜在的创造力。

哈佛大学反复强调“想象力与创造力”的重要性。现在很多人对创造力充满了误解，认为拥有创造力的人必然有伟大的发现，其实不然；只要对某件事物有自己的观点和看法，我们就可以认为这个人是拥有创造力的。

创造从本质上来说是一种思维活动，是人遇到事情时经过思考后所做出的判断。但你不能只是站在一个角度看问题，应当站在更高的位置，用长远的目光从不同的角度来思考问题，对于那些你不能触及的角度，就需要发挥想象力的作用。

自由的想象力会帮助你更好地完善认知。比如“盲人摸象”，单一的角度只能产生单一的认知，使盲人对大象产生错误的判断。但是当你站在多角度去看待问题，对“大象”的认知就会更加全面，更容易接近真理。

所以，我们要带着思考的目的来学习，不能直接接受书本给予的现成结论，要在形成思维模式之后，通过一定的思考和判断拥有了自己的认知之后，再来对比最终结论。这样我们就会明白得出这结论的原因，从而在学习过程中逐渐养成一种发散性的思维模式。任何时候答案都不是唯一的，唯一的答案不利于思维的发散，只有充分发散思维，我们才能获得更好的学习效果。

举一反三，就是要我们不单停留在所接触到的问题上，还要通过这个问题进行类比和总结，推广到更多的类似的问题上，甚至是与之相关的方方面面，这样我们更容易获得知识。知识是无穷无尽的，获得它需要不断地摸索和想象。

《哈利·波特》的作者J. K. 罗琳（J. K. Rowling）[1]在哈佛大学演讲时说过：“想象力在我重筑人生时发挥了巨大作用。但这并不是全部的原因。我固然到死也会捍卫睡前故事的价值，但我还认识到要在更为广阔的范围内珍视想象力。想象力是人类独有的预见未知的能力，它还是所有发明创造的源泉。它具有已被证实的最富变革性和启示性的力量，而正是想象力让我们能够切身体会他人的经验——虽然我们自己并未身临其境。”

僵化的思维只能接触到浅显层面的知识。

更深层的知识需要我们发挥丰富的想象力，并将想象力转化为

1　J. K. 罗琳，英国作家。主要作品是“哈利·波特”系列，截至2008年，“哈利·波特”系列小说被翻译成67种文字，在全球累计发行4亿册。

创造力，才能接触到。学习知识只是一个引子，将学习到的知识运用到更多的问题上，帮助你解决更多的事情，才能真正发挥你的学习能动性。

随着时代的发展，成功的方式与以往相比有了很大的变化。

新的想法正改变着世界。我们除了保持学习的热情，还要对生活中所发生的一切保持敏锐的观察力，时刻在大脑里重组信息，找到真正可以使自己走向成功的方法。

善于观察，勤于思考，你就能锻炼出强大的思维能力，看到一些别人看不到的事情，通过思考找到别人忽略的问题症结所在，这就是一种强大的个人能力。

持续保持质疑是获得知识的重要方式。

不偏听偏信，对任何事情要有自己的思考和判断，只有通过思考获得的结论，才是真正属于你的知识。颠覆往往是从怀疑开始的，世界上没有什么是绝对的，怀疑能让你对世界的认识更加深刻。

创造需要打破常规，是在反复的“怀疑与探索”中产生的。任何新的构想和思路都不是偶然出现的，而是对过去和现在的一种内在延伸，其产生必然会有一个可追寻的内在过程。正因如此，创造力必须依赖强大的想象能力，想象力把事情推到另一个更高的层面上，进而产生创造力，让你获得全新的知识。

有些看似荒唐的想法背后，正是漫无边际的想象力，它不被固化的思维所限制，带你走向全新的领域。

哈佛学子的专属思维训练课

一个人的思考能力如何，直接决定他是否有能力来解决问题。

在成长的过程中，最重要的因素包含了好奇心、注意力、思考力、想象力，所有的因素背后都与人的思维体系有关。你不仅要思考，而且要懂得思考，更重要的是不做毫无意义的思考。每天发生的事情很多，需要面对的事情也杂乱无章，但你必须从千头万绪中捕捉到有价值的线索，这就是一个抽丝剥茧找到事情的本质的过程。

哈佛大学十分重视学生的思维训练。思维能力决定着人的上限，如果我们不肯动脑子，思维就会僵化，就像是一潭死水，激不起一丝波澜。在学习的过程中最可怕的是，你每天都在努力学习，却没有运用你的脑子，导致思维没有得到提升，如此何来“创新”之说?

思维体系是复杂的，你必须找到自己的思维特色。一个人对事物的看法和观点格外重要，这也是你从茫茫人海中脱颖而出的关键。通常你需要构建自己的知识体系，培养敏锐的观察能力、公正的批评能力以及严谨的逻辑思维能力。

哈佛大学的思维训练课主要从以下几个方面展开：

一、构建知识体系，决定你是否拥有认识世界本质的能力

现在我们所接触到的知识面越来越广，不是所有的知识点都能纳

入你的知识体系。你需要将大量不同的知识点系统、有序、指向性明确地组合起来，形成自己独有的知识框架。通过这个框架，你可以更好地思考现象背后的本质，解决生活中的一些问题。

在建立知识体系时，你有两个因素必须重点考虑：

1. 尽可能地收集那些具有启发意义的知识

为什么要收集此类知识？其实主要是因为知识体系需要足够的知识点来支撑，如果知识点储备量不足，就很难形成体系。而且每一个知识点都需要进行有效验证，用大量的知识点相互佐证，可以有效地支撑整个体系的正常运行。在收集有启发意义的知识时，你会产生那种恍然大悟的感觉，从中体会到汲取知识的乐趣。

2. 搭建一个具有深度意义的知识框架

你所拥有的知识越多，框架就越重要。框架就是整个知识体系的骨架。你准备如何对知识进行分类，如何将相似的知识点归纳在一起……可以说，框架的建立其实就是对知识进行有效的分类整理。

二、批判性思维，帮助你进一步接近真理

我们每天接触到的东西越来越多，但它们并不是都可以成为我们知识体系的一部分。这时就需要我们拥有批判性思维去对这些知识进行“甄别”。所谓批判性思维就是一种怀疑精神，我们既要对事件进行批评，也要对它们做出自己的判断，而不是为了批评而去盲目批评。

我们在接触到一个事件时，首先要对其产生怀疑。怀疑的前提是思考，通过思考对事件进行准确的判断。但人总是过于倾向审视他人而忽略了思考应有的意义。当人因为抵触某事而批评某事时，基本上很少有自己的想法，所维护的不过是一种假的正义罢了。

受“先入为主”思维的约束，当在一个问题上花费了太多精力的

时候，相应地你就会很难对问题形成正确的判断。所以，你要保持足够的冷静，用自己的知识体系来评判一件事，并决定是否将其纳入自己的知识体系当中，而不是仅仅为了批评而批评。

同样的，人在面对批评时也会产生一定的抵触心理。批评其实是一种有效的沟通交流的方式，他人对你的批评在某种程度上是在帮助你反思自己，一些之前你没有意识到的不好的事情被指出来，这更有利于你加强和完善自己的知识体系。这时，你更需要批判性思维。通过深入思考来判断对方的批评是否合理，是否值得被自己采纳……无论你的计划制订得多么细致，在具体执行的过程中都会暴露出缺陷。不完美的计划必然会引来批评，所以你需要针对批评进行全面的思考，反复完善自己的计划。

在很多情况下，由于受着现实因素的影响，很多问题不是单一存在的，往往存在着很多约束。在解决某一个问题时，你需要找到影响问题解决的相关约束条件，不然你的解决方式可能达不到预期的效果。学习尤其如此，每一门学科之间存在着交叉性，你必须对其有清晰的认识和判断，才能找到正确的解决途径。

三、逻辑思维能力，让你的思维体系更加严谨

面对复杂的问题，你的思维方向应该更加清晰，不然会做无用或重复的“思考工作”。逻辑思维会让你准确地找到问题的核心，明确告诉你哪些东西是重要的，哪些是不重要的，帮助你更好地分析问题并找到解决问题的方法。逻辑思维能在看似关联性不强的事物之中，找到其相关联的合理的线索。

有时候没有逻辑主要因为对知识的思考深度不够，我们本身没有弄清楚知识的本质，在给他人讲解时就无法讲清楚，表述上就显得一点儿逻辑都没有。所以在构建知识体系时，必须要对所需要的知识

进行一次深入的思考，只有了解了知识的本质，我们才能更好地去表述它。

逻辑思维的重点在于观点。观点代表着你的立场，就是你肯定什么、反对什么，你对事物必须有准确又清晰的判断。在判断前，你必然要有思考，否则你的观点将是空的，经不起推敲，会很容易就被别人否决掉。

首先，要建立抽象的思维体系。

所谓逻辑，就是将具体事件转化为抽象观点的规律和规则。人的大脑存在着独特的思维，当大脑运作起来时，会由具体事件上升到思维层面，并从中找到共通点，再由此形成完备的知识体系。所以提高逻辑思维能力是重中之重。

其次，要学会阅读和总结。

阅读是获得知识最重要的一种方式和手段，可以说你的知识在很大程度上是通过阅读获得的。合理的阅读方式格外重要，有些重要的知识点需要我们进行深度阅读，也就是带着思考去阅读，将知识点的前因后果回想一遍，有些更重要的点还需要再次阅读。

阅读之后，要及时进行总结。总结在本质上就是思考和消化的过程，你在阅读过程中汲取到了什么知识，知识是如何构成的，对你有哪些帮助，通过总结和整理，将所得纳入知识体系，整个过程的逻辑性自然更强。

再次，积极参与讨论。

讨论的本质就是思维的碰撞。与同学讨论书中的内容，试着准确表达自己的观点，同时认真听取同学的意见，也能帮助我们更好地理解书中的内容。

最后，不要只站在一个角度思考。

任何一个问题都不可能只存在一种解释，越是合理的解释背后越是隐藏多种变数。所以，你不要只是站在自己的角度考虑问题，要站在他人或者更高的角度去思考问题，这样才能让思考更有深度，不只是被动地去接受知识。

总之，如果你想要实现快速提升，那么你必须拥有强大的思维能力。思维能力的提升会让你更直接有效地获取知识，面对问题时的思考深度决定着解决方式的可行程度。知识体系就是你的强大支柱和后盾，批判性思维让你对世界充满好奇，逻辑思维则能帮助你进一步窥探事情的本质，让你的人生获得质的提升。

三种“哈佛式”思考方式：有效完善自我的秘方

哈佛大学著名心理学教授威廉·詹姆斯（William James）曾说：“经常审视自身，并且寻找到自己的过失并进行反省的人，能快速实现自我完善。”这告诉我们，学习过程中要不断地进行自我检视，通过反思检验自己的行为是否合理，是否需要进一步完善。

任何时候人最不能丢弃的就是思考能力。有人会说，思考谁不会？诚然，人天生就有思考能力，但是人身上同样存在着很多的弱点，而且并不是思考了就一定能获得成功。只有正确的思考方式才可能帮到你，只有真正掌握思考的力量才能让你的人生更加精彩。

在哈佛大学，导师们会反复强调思考力的重要性，他们在教给学生知识的同时，也会通过各种各样的方式来提高和锻炼学生的思考力，鼓励学生进行创新，教导学生立体思维的诀窍，让学生掌握逆向思考的方式，充分发散大脑思维，养成反思的好习惯。

下面三种“哈佛式”思考，能够帮助我们有效地完善自我。

哈佛教导学生立体思维：换一个角度，帮助你找到更广阔的天地

立体思维是一种比较特殊的思维模式，拥有一定的想象力和创造力的人才能实现。人在思考问题时，总是会被某个视角所限制，视角的局限性决定了人的思维广度。这样一来，你就很难发现事情的真相。

所以你需要转换角度，站在多维角度上思考问题。你的思维一定要是立体的，而不是扁平的。扁平的思维相当于一个二维平面，如果我们站在二维平面上思考问题，那么问题的答案肯定是扁平的。扁平的答案往往只是多种答案中的一种。任何事物都是立体的，存在着多个维度，我们只有站在多维角度去思考问题，才能接近事实的真相。

掌握“哈佛式”逆向思考：“反其道而行之”带给你不一样的收获

在人的思考过程中，总是会“由此即彼”，即由一个事件推导到另外一个事件，然后再继续往下推……可是这样很容易因某一个环节出错导致整个过程出现纰漏，最终无法形成完整的逻辑链。尤其在解题的过程中，我们受到思维的局限，很容易在某一个点“卡壳”，从而得不到正确答案。

这时你可以试着改变传统的思维方式，站在问题的对立面进行思考，从答案着手逆着推导已知条件，结果可能会让你大吃一惊，因为这样更容易找到其中的逻辑。

有一位美国留学生去非洲旅游，不料遇到了草原大火。大火烧得很旺，很快就要烧到他的脚下了。正常情况下，人应该往没有火的地方逃，可是大火燃烧的速度极快，逃生的概率极低。这时导游决定冒险一试，让大家带着干草往大火烧来的方向冲。大家起初都以为导游不要命了——哪有人遇到危险不逃反而冲向危险的？可是奇迹发生了。导游用干草在大家四周的地面上点起了火，干草迅速燃烧起来，接着在大家周围升起了一道火墙。当草原大火扑向他们，与火墙撞到一起，并没有烧进来，而是绕着远去了。

导游正是通过逆向思维化解了一次危机。这是生活中的智慧，你只有保持敏锐的观察力，才有可能产生不同于他人的正确想法。你需要清楚其他人会怎么做，结果会怎么样，再来决定你该怎么做才能产生更好的结果。

养成“哈佛式”反思的习惯：在忙碌的背后，找到人生的正能量

人生不可能是完美的，任何人都有可能犯错。一个懂得反思的人，能不断地提升自我的能力，早日实现自我的完善。反思是最简单的思维活动，但它又是最难的思维活动。人最擅长的是寻找他人的缺点，最难做到的却是寻找自己的缺点。

那些懂得自我反思的人，往往拥有超乎他人想象的成就。因为反思不仅是对行为的一种回顾，更是一种寻找自身行为不足之处的有效手段。任何真理都需要经过实践的检验，相对的，如果在实践过程中不懂得总结，不懂得反思，你是不可能接近真理的。

所以，哈佛大学鼓励每个学生养成睡前反思的好习惯。利用睡前的十分钟，对今天的所学进行总结，问自己今天究竟学到了什么，有哪些知识掌握得不够彻底，有哪些行为还可以改进。通过简单的自我调整，你能更好地迎接明天的到来。

不仅如此，在反思的同时，我们还要思考自己接下来要做什么，如何才能做得更好。自己给自己挑毛病，才能逼自己成长起来。

当这些行为成为你的日常习惯，你会发现它们给你的人生带来了质的飞跃。哈佛大学作为世界一流的学府，目的并不是让学生明白何为真理，而是让学生掌握发现真理的方法。

思维的快与思路的慢

学习能提高人的思维能力，但我们最终的目的还是掌握解决问题的能力。只有将学到的知识释放出来，才能真正体现出学习的效果。

在遇到问题之前，你首先产生的是思维模式。思维是大脑的产物，它能分析和推理出问题的答案。思路就是将问题细化，找到解决问题的方法和途径。

平时，无论你想解决什么问题，都需要有一个详细的思路。思路就是解决问题的路径。通常，解决问题的方法不止一种，所以思路相应地也有很多条。一般而言，思路的形成是一个缓慢的过程，你需要进行大量细致的研究，才能找到真正的解题思路。

思维的快与思路的慢，两者是两个极端，却又相互依存。思维不管转得多快，思路才是解决问题的关键。思维运转的目的就是找到最终的思路；同样，思路的形成正是思维能力的一种体现和反映。

思路的分类

哈佛大学对思路进行了详细的分析，形成了一套系统的理论，并根据思路的不同特征进行了分类。

根据思路的类型进行分类，主要表现为解释、讨论、观察等，不同的思路会有不同的效果。解释主要是将问题讲明白，方便理解；讨论的目的是寻找解决的方法；观察是对问题进行全面的把控。

根据学科特征进行分类，不同的学科所产生的解题思路是不同的。理科类的题目要求做到逻辑严谨，有详细的论证过程；但是文科类的问题则需要对问题有更深入的研究，形成自己的看法并加以讨论，讲究的是行文内在的逻辑性。

哈佛大学教育学院根据思维透明化项目的研究成果，将思路分为理解、创造、公平和真理四个种类。但思路最终还是要体现在学习效率和解决问题的能力上，一般有引入探讨型思路、综合系统化思路以及深入延展性思路。在接触新知识的时候，你通常需要用到引入探讨型思路，它让你产生学习的兴趣，对所学的内容有更深入的了解；当你对新知识有一定程度的了解后，思路就转化为综合系统化思路，主要是对知识进行综合性分析，旨在方便之后的讨论和阅读，这个过程是进一步熟悉新知识的过程；当你充分理解了新知识之后，就需要应用深入延展性思路，理解知识本身的复杂性，从而进行更深入的思考和研究。

无论哪种类型的思路，都有其明确的特征，它们是可以交互存在的，你可以根据不同的问题选择不同的思路，而不是呆板地陷在一种思路里。最理想的状态就是及时找到属于自己的思路，利用知识综合性地去解决问题，这样有利于思考能力和理解能力的提高。

思路与思维的关联

思路其实就是思考的一种工具，它本身没有好坏之分，只有合适与不合适之分。当为自己设定目标之后，你需要选择一条合适的道路去实现目标，这就需要你拥有足够宽泛的思路。这要求你通过观察、描述、证明、多元化视角观察等一系列思考行为，得出准确的结论，最终完成目标。

通常我们无法从思路中直接获得答案，因为答案是最终的结果，思路只是通向结果的路径和方法，这就要求你不断地思考，获得理想的结果。结果只是一种论证的答案，如果要证明你的思路是正确的，那么就需要你拥有解释观点的能力。这就意味着，思路是思维的一种产物。思维具有延展性，当思维延展到一定程度时，就会形成思路。

哈佛大学拥有一个具体的思维训练方式，主要用于帮助学生提高思维水平和理解思维的复杂性，从而起到提升思维能力的作用。

具体的做法是：通过发散思维获取某一事物更多的概念信息，通过收集这些概念获得事物的相关信息；然后再对概念的特点进行分析，得出有针对性的排序；之后把所形成的观点通过一定的方式连接起来，形成思维框架；最后对思维框架进行细化，再分类整理，获得更丰富的内容。值得注意的是，整个过程非常重要，因为概念的特征是与人的理解挂钩的，这就很容易让人陷入个人特色之中。

下面有四种系统化解题思路：

1. 归纳法

每一个问题都拥有最核心的关键点，我们通过归纳可以将问题细化，找到问题的重点，从而获得解决问题的思路。而且归纳法能让人从不同的角度去思考问题，分清楚什么是主，什么是次，有利于问题的拓展。一个人的归纳能力不强，意味着他无法对问题做出清晰的判断。

2. CEC 法

CEC，即“联系（Contact）、拓展（Expand）与挑战（Challenge）”，

CEC 法的具体做法是通过引导去联系知识体系中的相关内容，并在此基础上进行合理的拓展，寻找解决问题的方法，从而达到挑战的目的。这种方法要求你拥有主动学习知识和利用知识的能力，还要能将已学到的知识“活学活用”，能自主完善自己的知识体系，让自己拥有更强的独立思考能力。所以，这个方法的核心是分析新旧知识，并拥有准确的提问能力，这样才能起到一定的作用。

3. CSI 法

CSI 法，是通过颜色（Colour）、符号（Symbol）与图像（Image）来完成的一种解题思路。通常我们是通过阅读、观察和倾听来获取知识的，但可以利用颜色、符号和图像对学习的内容进行分析提炼，从而获取知识中最核心的观点。这种方法要求你拥有深入思考问题的能力，同时能准确地将观点表达出来，它能让你准确地抓住问题的本质，拥有更强的思维能力。

4. 4C 法

4C 法，“4C”代表思路形成的“联系、质疑、观点、变化”四个阶段。首先你通过联系来捕捉大量的信息，对其进行针对性的研究和思考；然后再进入“产生怀疑”的过程，通过讨论深入挖掘信息的内涵和结果；接着对信息形成自己核心的观点并进行简单的评论；最后回顾整个过程，思考观点的合理性与准确性，从而使自己的思维和行为发生变化，发挥思路应有的价值。

任何一种思路的形成，都是一个十分复杂又精细的过程，需要你不断地思考、不断地收集相关材料，并对材料进行细致的整理，选择材料中最适合的部分，为思路的产生提供相应的支持和帮助。

有时候，大脑会由于疲惫和紧张等原因致使思维“短路”。没有系统的思考，思路就无法形成。这种情况意味着你需要放空自己，让大脑获得充分的修整。

思路其实就是一种特殊的行为模式。你可以通过自主的选择，对具体的思路进行创新和改造，从而更好地完成目标，做到真正的“活学活用”。

突破常规的思考，难题变得简单

创新思维是人类进步过程中最重要的一种思维能力。创新意味着突破常规，走寻常人不曾走过的路，因而需要极大的勇气。哈佛大学鼓励学生自我创新，不仅仅局限于学习，还包括生活中的方方面面。

很多人会陷入常规思维当中，因为在人类的普遍认知中，前人所实践过的东西定然经历过反复检验，属于最牢靠的知识。但是因为发展和思维的局限，前人的认识也不可能尽善尽美。

创新必须在充分掌握和理解前人知识的前提下才能产生，如果你没有弄清楚前人的总结，那么很难创新。第一个吃螃蟹的人是勇敢的，事实证明他的尝试是正确的。正是因为敢于创新，他才会发现螃蟹原来这么美味。

其实，无论学什么专业，将来打算做什么，创新思维能力将是你难能可贵的财富。你要拥有独立思考的能力，而不是被他人的观点和想法所左右，你还要敢于突破，跳出原有的圈子来思考问题，不能让狭隘的思想限制了你的想象力。

你的思维一定是跳跃的、活跃的、灵敏的，甚至有时候你会成为其他同学眼中的“怪咖”，因为你与他们的想法总是“格格不入”。因此，你定然是独特的。敢于创新的人都拥有探索未知事物的勇气，在实践中找到解决问题的方法。你独特的思维特性，会让你学到很多他人学不到的东西，做一个别人无可替代的你。

> 有这样一个实验：将青蛙放在热水中，青蛙会立即从热水中跳出来，因为它感到了危险；可是当你将青蛙放在冷水中慢慢加热时，青蛙就不会迅速察觉到危险，因而不会从冷水中跳出来，等它意识到危险的时候，它想要跳出来，却来不及了。

“温水煮青蛙”的故事告诉我们，人总是会受到大环境的影响，置身于大环境之中，我们很容易被周围的事物所左右，因此很难及时察觉到危险的存在。所以你需要保持极大的敏锐度，要知道“越是舒适的环境，越是存在着危险”。当你习惯一种生活方式时，你就很难做出改变。

当人们在思考某个问题时，总是会不自觉地被惯性思维所影响，思考的途径和方式与其他人无异，因而得出的结果也在情理之中。常规思维就好比是无形的枷锁，禁锢了思维的拓展空间，尽管在它的约束下，你仍然可以思考，但是结果不尽如人意。

如果你想要有所创新，就必须打破思维定式，不要让他人的行为和观点影响你的思考，你要做的事是站在更高的维度去考虑问题。在创新的过程中，只要你敢于想象，就没有什么不可能。最怕的是你不敢想象，依旧追寻着他人的脚步，这样进步始终是有限的。

很多人习惯依靠直觉思维，因为这是既简单又省力的一种思维方式，通过直觉做出判断，不需要更多的思考，也无须耗费更多的精力，但是这样的思考方式不可能给你带来新的东西。你的思维被直觉所约束，陷入其中，跳不出来，你只是学了，却没有思考，思维得不到锻炼，能力就得不到提升。更何况，人的直觉往往带有片面性、主观性，很有可能会把你带入误区。

著名物理学家富尔顿·罗伯特（Fulton Robert）[1]在进行一项研究时，发现一个奇怪的现象，就是固体氦的热传导度要比理论值高出了近五百倍。可以说这是一个重大的发现，但是富尔顿害怕公布结果之后，受到别人的质疑和猜忌，于是忽略了这项研究成果。美国另外一名年轻的物理学家也发现了这个现象，他的做法与富尔顿完全相反，他向世人公布了实验结果，从而引起了广泛的关注。不仅如此，他继续在此基础上进行研究，发明了一种全新的测量方法。

可以说，富尔顿就是陷入了习惯性的思维当中，当他对事物超出常规的现象有所发现时，却不敢进一步突破。思维定式限制了他的行动力。每个人都应有打破思维定式的勇气，尤其是遇到困难时，一条路走不通，可以换一条路来走，尽管这条路没有人走过，但只要你敢于走出去，或许能开辟出一条全新的道路来。

1　罗伯特·富尔顿，美国发明家。1807年，他利用英国机器制成了世界上第一个蒸汽机轮船“克莱蒙特号”，是世界上轮船的首创者。

唯一的结果与一百条路

人的思维是具有发散性的，在思考时会有许多个方向。尽管最终的结果可能只有一个，但是通向结果的道路却有一百条甚至是一千条，无论是哪一条路，都能让你获得理想的结果。思维一定不能受到限制，尤其在学习时思维必须保持足够的活跃度，你才能创造出不同的成就来。

面对一片叶子，不同的人有不同的认识。在画家眼里，叶子是一幅美丽的画卷，它像是热情洋溢的春天；在音乐家眼里，叶子又成了秋天的音符，它是如此悦耳动听；在生物学家眼里，叶子是植物的器官，能进行光合作用，维护大气的碳－氧平衡；在哲学家眼里，叶子是一个新奇的世界，它的产生是神奇的，它的落下又有着哲学的玄机……

从不同的人对这片叶子的不同思考中，我们看到发散思维的重要性。它是一种求异思维，是从不同的方向、不同的角度去思考问题，从而获得不同的答案，并在答案中找到最优化的结果。

发散思维对人的考验是巨大的，它需要你拥有惊人的想象力，在自己原有的知识体系中找到许多个点，并通过这些点不断地向外扩展，通过对信息的重新组合，找到解决问题的不同方法。比如，对于一件事，我们可以用多个观点去阐述；一道数学题可以用多种方式来解答。这个阐述和解答的过程，就是一种思维的发散。

哈佛大学向来注重对学生发散思维的培养，因为发散的思维能让学生的未来有无限的可能。试想，如果思维被限制了起来，那么你所有的行为都是可以预知的。所以你的思维需要不断地向外发散，向不同的角度、不同的维度扩散开来，形成一张巨大的思维网络。你会发现，一些原本关联性不强的事物相互之间会产生某种联系，而这种联系很可能就是你在寻找的答案。那么，发散思维应该如何培养呢?

1. 你需要推陈出新

当你接触到某件事情时，不能仅靠眼睛看到、耳朵听到的就对事情做出判断，而应该试着从更多的层面去思考事情的本质。原有的观点往往是一种枷锁，它会束缚你的思维，你需要突破和创新，体现出思维的独特性。每个人都是独一无二的，关键在于你敢不敢想、肯不肯想。

2. 你要拥有一定的聚合能力

感官所感知的信息是有限的，你必须要运用抽象思维对材料产生全新的认知和看法。事情往往具有一定的共通性，需要你努力挖掘才能找到事物的本质。不仅如此，你还要掌握分析问题的方法和技巧，将一个问题分成若干个问题，进行抽象分析，然后对抽离出来的问题进行概括和描述，从而找到更符合本质的结果。

3. 你不能局限于一种思维

任何思路的产生都应当是严谨的，需要逻辑推理能力，这意味着你必须拥有足够强大的分析能力，对事情可能造成的种种结果进行推测，通过严密的思考，层层递进，推导出最终的结果。这种方式对思维的要求很高，需要你反复地训练、充分考虑每一种可能才能办到。

4. 你要掌握提问的技巧

首先，你要有一种觉悟，就是任何问题都不可能只有一个答案。

你需要不断地对事物进行提问，并养成提问的习惯，这会帮助你把思维发散开来。

你提问的目的不是寻找答案，而是通过不断的提问找出最准确的答案。只要你提的问题是正确的，那么你就一定能得到你想要的结果。任何时候，提问都是一项十分重要的能力，越是面对复杂的问题你就越需要学会提问的方法，将问题分解成多个部分，然后针对每个部分不停地提问，你在寻找答案的过程中，就能进一步窥探事情的本质。

5. 你需要集思广益

当你无法拓展思维时，一定要借助众人的智慧。不同的人由于学识、背景文化不同，对问题的看法也不相同。这些不同的看法可以看作是发散的思维，通过广泛吸取他人的意见，你能够有效提高自己的思维能力。

在与他人交流的过程中，你能发现更多的角度和观点，通过不同观点和思维方式的碰撞，你能找到更多有用的信息。所以你不能只是埋头苦学，必要时也要走出去，多与不同的人交流。哈佛大学的每一个社团都会定期举行交流会，将有着共同兴趣爱好的人聚集在一起，交换观点，交流学习心得，帮助每一个人成长和提高。

值得注意的是，发散思维是观念上的自由发挥，要求你在最短的时间内找到最多的方式和方法，并且具备一定的变通性。所谓变通就是避免思维僵化，不是按照固定的方式来思考问题，而是要用更多新的、不同的方式来思考。

生活中的每一件事你都不要用普通的眼光来看待，要以事件本身为中心不停地向外扩展，一直思考下去，让大脑保持在高度的活跃状态当中，你的思维网络会带给你意想不到的惊喜。

第三章

和时间赛跑的哈佛人：充分利用好每一分钟

哈佛人的时间观：今天不走，明天要跑

你的身边肯定也有如此“神一般的存在”，他们永远有用不完的时间和精力，总能将自己的生活、学习、社交和玩乐都安排得井井有条。反观你自己呢？情况可能就不太乐观了，因为你总感觉时间不够用，安排好的作息总是被打乱，很多计划都莫名落空了。

事实上，你身边还有很多这样的朋友：他们没有合理地安排好自己的时间，常常分不清学习和玩乐的时间，做事能拖则拖，最后将大量的学习任务堆积在一起，根本就没有时间去完成。他们是真的没有时间吗？当然不是！时间是世界上最宝贵、最公正的东西，我们每个人每天都有同样的 24 小时，可是不同人对于时间利用的差异性，也让时间产生了不同的意义。

国内中小学乃至大学，很少会开展专门的时间管理课程，这让很多青少年朋友缺乏时间观念，更不懂得如何去管理自己的时间。而哈佛的学生往往会对“时间”这个概念产生十分深刻的印象，因为他们进入哈佛的第一学年，会在老师的引导下设计一张“忙碌的时间表”，以此来锻炼他们的时间管理能力和抗压能力。

在哈佛的图书馆里，有这样一句格言：“You must run fast if you even don't take a pace.”把它简单翻译成中文就是：“今天不走，明天要跑。”这便是最典型的哈佛人的时间观！

时间是永无止境的，又是转瞬即逝的，我们应该用怎样的心态去面对时间呢？

哈佛大学的爱德华·班菲德（Edwand Barfield）博士曾做过一项持续多年的关于美国社会进步动力的研究，结果发现一部分美国人一代比一代有钱，另一部分美国人则一代比一代贫穷，为什么呢？

班菲德博士分析了多年的研究记录，终于有了结论：那些越来越成功的美国人，往往拥有较强的时间观念，而且是长期的时间观念。这些人在学习、做事的过程中，总是会以长期的时间观念去考量，他们的规划会长达几年、十几年，甚至几十年。他们每天、每周、每月的活动、资源分配以及决策，都是基于自己对于未来的规划而定的。

相反，那些走下坡路的人，几乎不会去做长期规划，他们会把更多的注意力放在眼前的利益得失，而不是未来的成功与成就上面。这样的时间观念直接导致了他们长期的困苦生涯。

班菲德博士的研究成果得到了业界的认可，也给美国的年轻人敲响了警钟：如果想要有所成就，就要学会用长期的眼光规划自己的人生及事业。无论在哪个领域，你只有持续不断地努力好几年时间，才能实现真正有价值的目标。“好几年时间”并不是一个绝对的数值，它是长时间的准备、付出与规划，这样才能让自己在某个领域里出类拔萃。

时间是什么？

这是从古到今人们一直在思考和讨论的问题。牛顿曾经说过：

“时间是一个被神秘气息所覆盖着的客体，因为时间独立于任何物体，在一切之上，是绝对的。”而现代物理学将时间定义为人类用以描述物质运动过程或事件发生过程的一个参数，是物质的运动、变化的持续性、顺序性的表现。虽然我们可以在日常生活中度量时间，甚至可以把时间戴在手腕上或者挂在墙壁上，但是对于抽象的时间概念的认知仍旧很模糊。

英国作家珍妮特·温特森（Jeanette Winterson）在《时间之间》中写道：“时间的意义就在于时间有尽头——如果时间无穷尽，那时间就不是时间了，不是吗？”在不断向前的时间长河里，每个人一生所拥有的时间都是有限的，区别在于有的人虚度了光阴，浪费了时间；有的人却懂得珍惜时间，在有限的时间里做更多的有意义的事情，让每一分、每一秒都更有价值。

为什么有的人总是时间充裕，而有的人总是感觉时间不够用呢？因为人们的时间观念不同，时间管理的能力也不一样。只有管理好自己的时间，你才是真正地拥有了时间。

时间是一点点积累的，能力是一点点提升的。

哈佛一直提倡学生“终身学习”“每天都进步一点点”，这和时间管理紧密相关。在高度竞争化的社会里，如果今天没有进步一点点，明天你就要努力奔跑才有可能追上竞争者。

美国前总统富兰克林·罗斯福（Franklin Roosevelt）毕业于哈佛大学，他曾经说过：“珍惜今日，你将拥有两倍的明日。”伟大的剧作家威廉·莎士比亚（William Shakespeare）也曾说过：“时间的大钟只刻着1个词——Now（现在）。”

因此，我们应该把目光放在今天，放在现在，放在此时此刻。这也是哈佛人对于时间所持有的态度：昨天已经变成回忆，明天还没有到来，我们所拥有的只有今天，只有现在！

台湾著名作家龙应台在《亲爱的安德烈》中对21岁的儿子写过这样一段话："孩子，我要求你读书用功，不是因为我要你跟别人比成绩，而是因为，我希望你将来会拥有选择的权利，选择有意义、有时间的工作，而不是被迫谋生。当你的工作在你心中有意义，你就有成就感。当你的工作给你时间，不剥夺你的生活，你就有尊严。成就感和尊严，给你快乐。"

在不可捉摸的时间面前，我们也许会显得弱小无助，但是把握好今天，在此刻努力，将让我们的步伐变得沉着而稳定。当我们成长得足够强大时，我们就更有能力去管理好自己的时间，而不是被时间追赶，被迫谋生。

每天一小时，那些被偷走的时间

电影《岁月神偷》里有一句台词："在变幻的生命里，岁月，原来是最大的小偷。"

你相信吗？时间也有"小偷"。我们每天能够有效支配的时间其实非常短暂，即便如此，仍有不少时间在不知不觉中被"偷"走了。

小时候，我们很少意识到时间的流逝，总以为自己还有很多时间可以玩；渐渐长大后，我们会突然意识到时间飞逝，感觉每一次过生日都像搭上了新的时间列车，身边的事物转瞬即逝。虽然我们常常把"珍惜时间"挂在嘴边，但绝大多数时间花去了哪里，我们并不知道……

这是很多人正在经历的事情：对于既定而抽象的事物的变化，并不会产生太大的感觉，就像温水煮青蛙一样，只有等水煮到沸点时，你才突然反应过来，但此时已经晚了。回想一下，日常生活中我们很少会留意空气中的含氧量是多少、空气的质量好不好，但是当我们登上海拔较高的山顶时，才发现氧气的含量变少了，当雾霾来袭时，才发现空气的质量变差了。

时间也是这样，平时很少有人留意，等我们反应过来时，"时间小偷"早已得逞了。

哈佛首位女校长德鲁·吉尔平·福斯特（全名凯瑟琳·德鲁·吉尔平·福斯特，Catharine Drew Gilpin Faust）曾经说过："请用清醒的时间，追求对你最有意义的东西。”为了防止“时间小偷”频频作案，我们必须让自己清醒起来，要清楚地知道自己的时间都花去了哪里。这也是时间管理的起点——记录时间的轨迹，防止时间被“偷”走。

有一本书名叫《奇特的一生》，是一部根据真人真事写成的文献性小说。书的主人公是苏联的昆虫学家亚历山大·亚历山德罗维奇·柳比歇夫（Alexander Alexandrovich Lyubishchev），他从26岁开始每天都记录和核算自己使用时间的情况。

如果说小王子驯服了玫瑰花，那么柳比歇夫就是那个驯服时间的男人。他提出的“时间管理法”十分精确，记录的时间从分钟到小时，再到每天、每月、每季度、每年……直到1972年他去世的那一天，他整整坚持记录了56年之久。通过“时间管理法”，他清楚地看到了时间的轨迹，也就知道自己的时间花在了哪些地方，同时也看到了自己在写、读、听、思考等多方面的潜能，即在一定的时间内，自己究竟能够做多少事情。

正是因为这种特别的“时间管理法”，他生前发表了70多部学术著作，还有各种各样的论文与专著。他一生共写了500多张印纸，相当于12500张打字稿。

可见，记录时间能够帮助我们脱离虚度光阴的懵懂状态，让我们更加清醒地利用时间，防止“时间小偷”的光顾。如果我们能够记录下时间轨迹，便能发现时间真相，找出“时间小偷”。所以，请你从今天开始，学会记录时间，把每一分、每一秒的时间都安排得妥妥当当吧！

1. 记录每日事项分类

在记录每日事项之前，我们首先应该对每天发生的事项进行分类，即我们每天会做哪些事情，比如睡眠、吃饭、运动、休闲娱乐、社交等。我们可以根据自己的实际情况进行分类，分类不必过于精细，最好保持在10个类别以内，这样更有利于记录时间。

2. 确定每日事项的优先级

所谓优先级，就是做事的先后顺序，如果我们分不清优先级，就会出现“胡子眉毛一把抓”的情况。美国著名“人类潜能导师”斯蒂芬·科维（Stephen R. Covey）提出了一个著名的时间管理理论，即“四象限法则”。他将人们要做的事情按照重要和紧急两个不同的程度进行分类，分入四个象限之中，第一到第四象限分别为：紧急而重要的事、重要但不紧急的事、不紧急也不重要的事、紧急但不重要的事。

紧急而重要的事情，必须马上去处理。重要是指事情的影响力较大、意义重大，甚至会严重影响其他事情的进展；紧急就是需要马上去处理，马上做出反应的事情。这一象限的事情包括老师布置的课堂作业、马上要进行的英语考试、课堂上举手回答问题等等。

这一象限的事情十分重要，也很紧急，需要我们集中精力马上去处理。如果出现拖延、恶化、处理不当等情况，会让事态变得更加紧急，并且造成更加恶劣的影响。

重要但不紧急的事情，不能被忽略或遗漏。尽管这一象限的事情不是很紧迫，却有着长远的影响力，比如规划、理想、抱负等等。举一个简单的例子，老师布置了暑假作业，虽然你有很长一段时间可以去完成它，时间上并不紧急，而且很自由，但你必须耗费大量的时间才能完成。如果在完成过程中出现一些突发状况，或者出现一些问题，都有可能让第二象限的事情变成第一象限的事情，那时你就需要更多的时间和精力去处理了。

不紧急也不重要的事情，要避免沉溺其中。第三象限的事情可做也可以不做。不过，它们应该对生活是有益处的。由于它们不紧急，也不重要，所以我们要避免沉溺其中，不要花费太多的时间和精力。比如平常生活中的打游戏、上网、逛街、看电影、听音乐等等。

紧急但不重要的事情，可以适当地忽略。现在你可以设想一个情境：周末，你独自在家写作业，或者正躺在沙发上看书，这时电话铃声忽然响起，原来是同学打过来的，邀请你一同去逛街。

尽管这件事情显得十分紧急，但是并不重要，你甚至可以不去。

如果你没有拒绝同学的“盛情邀请”，去逛街了，那么你手上的作业将会遗留，变成一个巨大的麻烦，手上的书也看不了了。同学的邀请虽然紧急，但并没有特别的意义，反而会影响到你学习与生活的计划。

这样说来，这明明是第四象限的事情，你按第一象限的标准去处理了，显然是错误的。

时间管理的关键，就是要有明确的目标性，我们要分清事情或任务的轻重缓急。

3．记录一定要及时，不能延后

我们记录时间一定要保证它的准确性，最好能够在处理某个事项或者事情刚结束的时候马上做好记录，假如事情过后很久我们再根据记忆去记录，出错率就会提高很多，因为记忆也不是完全准确的。所以，时间记录一定要确保真实与准确。如果我们记录的误差超过 15 分钟，那么记录就失去了意义。

4．记录不用拘泥于形式

在了解和掌握了时间记录的基本方法和注意事项之后，我们就可以开始记录自己的时间了。下面推荐三种常用的记录方式：

笔和纸。随身携带笔和纸，在每个事项开始及结束的时候，我们随手做好记录，包括这个事项的开始时间、结束时间和总共花费的时间。在一天结束之前，我们抽出几分钟时间，统计一天做了哪些事情、每件事情花费了多少时间，分析自己时间管理方式的优劣，进一步改善时间管理方案。

Excel[1]表格。Excel 最大的优点就是具有严谨的逻辑性和分类性，它可以帮助我们更加精准地记录时间。Excel 软件的方格就是一个很棒的记录时间的模板，我们可以将每日事项分类写在模板的横列，将时间段写在模板的纵列，然后通过填色和打钩的方式进行记录。

手机 App[2]。这是最适合当代年轻人的记录方式，在手机应用市场也有非常多的时间记录 App，比如 Moment[3]、a Time Logger[4]、Mr Time[5]等。它们的操作方便快捷，有些 App 甚至有对比、对照功能，还可以将记录同步到云端，便于时间的跟踪记录、整理和分析。

当学会记录时间，真正了解和掌握自己的时间走向之后，我们就能轻易地打败“时间小偷”。相反，如果我们不知道自己的时间都花在了哪些地方，“时间小偷”就会随时光顾，每天偷走一段时间，长此以往，我们的时间就会越来越不够用。

---

1 Excel，是微软操作系统中的电子表格软件。

2 App，应用程序（全称：Application）。

3 Moment，是一款可以追踪使用者的应用程序。

4 a Time Logger，是一款简洁的追踪管理应用，用来记录生活、工作、学习、娱乐等。

5 Mr Time，是一款可以记录个人开销的应用程序，并根据个人的时间开销给出相应的评价。

哈佛的时间管理课，让一切井井有条

如果你对哈佛出身的名人有所了解，一定会发现他们在对待时间的态度上有着惊人的相似之处。除了格外珍惜时间，他们更懂得进行时间管理。这可能得益于哈佛的时间管理课。在哈佛大学，时间管理课的重要性远大于战略、格局、创新那些看上去新颖而炫目的课程。

在哈佛人看来，时间才是最宝贵、最重要的资源，失去什么东西，也不能让时间失守。因为每一寸光阴都拥有生命的质地，珍惜时间就是珍爱生命，我们让一切井井有条才能不负光阴。

美国管理学大师彼得·德鲁克（Petter Drucker）说过："不能管理时间，便什么也不能管理。时间是世界上最短缺的资源，除非严加管理，否则就会一事无成。"我们也看到，那些所谓的成功人士，都是时间管理的高手。他们拥有超前的时间观念，懂得高效地利用时间，更懂得规划时间。

哈佛校园里流传着"神童"罗伯特·奥本海默（Robert Oppenheimer）的故事。

1922年秋天，奥本海默考入哈佛大学。在选择专业的时候，他犹豫了很久，因为他曾梦想成为古典文学家、诗人或者画家，不过最后他还是选择了更接近"现实"的专业——化学。他想通过自己的能力去改变世界，化学或许是一条很好的途径。

学习期间，他十分重视时间管理，每天都在和时间赛跑。

早晨，他总是第一个起床，第一个进入实验室；中午，他匆匆忙忙地吃一块夹心面包，然后又投入到实验之中；晚上，他最后一个离开实验室，经常会学习到凌晨。

他知道自己的每一分钟应该用在什么地方，虽然每天学习的时间比一般人长很多，但生活仍旧井井有条。正是因为他惜时如命、刻苦努力的精神，所以他只用了3年时间，便把学分修满了，并且成绩十分优异。这在当时几乎是无法做到的奇迹，他也因此被哈佛人称为“神童”。这位“神童”也没有让人失望，1945年，他主导制造出世界上第一枚原子弹，终于以自己的能力改变了人类社会的格局。

世界上真的有“神童”吗？拥有超强天赋的人，最后不一定创造奇迹，但是懂得利用时间并且刻苦努力的人可以！奥本海默成功的主要因素，便是时间管理。你能够有效地利用时间，也就掌握了世界上最短缺的资源。

在哈佛，时间管理课一直是教授和学生眼中的重中之重。如果你觉得奥本海默的时间管理术已经年代久远，那么现在来看看当代哈佛大学生的一天时间是怎么安排的。

2018年，一位名叫约翰·费什（John Fish）的哈佛学霸走红网络，因为他拍摄了一段视频，记录了自己在哈佛的一天是怎样度过的。视频中，约翰·费什将一天要做的事情做成计划表，每件事情在什么时候去做、需要花费多少时间，都在计划表中一目了然。

除了上课、学习、阅读的时间外，他还能空出9个小时的睡眠时间和健身时间。当然，时间管理不仅仅是列计划，还要靠良好的执行力和自律能力。

约翰·费什将一天的时间安排得井井有条，这事看起来很容易，实则很难做到。毕竟我们身边大多数人总会抱怨“时间不够用”，却很少有人将时间管理做得让人满意。

我们如何才能像哈佛学霸一样，将时间管理得井井有条呢？哈佛的时间管理课，给出了最完美的回答。虽然时间管理的方法多种多样，但是哈佛教授所推崇的，哈佛学霸所应用的，不外乎以下几个原则：

原则一：时间就是效率

效率是哈佛人公认的“时间管理第一原则”。同一个问题，有人半小时就解答出来了，有人却要花费半天的时间，区别就在于大脑运转的效率。如果你能够在相同的时间做更多的事情，时间是不是就会“多”出许多呢？效率就是用最少的时间，做最多的事情。

如果想保持和提高自己的效率，你可以尝试这些方法：

1. 保持能量

学习或工作的时间太久了，效率往往会有所下降，这时我们最好能够休息一下，让大脑充上电，效率的曲线便会随着能量的补给而上升。

2. 提高体能

大脑的运转也需要消耗大量的体力，所以一个人做事的效率高，充沛的体力是基础。因此，我们平时也要注重锻炼身体，只有提高体能，才能提高效率。

3. 集中精神

很多事情需要我们集中精神去做，如果你没有“一心多用”的天赋，那最好乖乖地一次只做一件事情。如果有的事情总在大脑中挥之不去，我们可以将它记录下来，另外安排时间去处理。

原则二：确定优先级

我们必须分清楚，有的事情是必须要做的，有的事情是想要去做的，根据优先级将它们进行排序。如果时间发生冲突，我们应该放弃优先级较低的事项，举一个简单的例子：每天 8 个小时的睡眠时间是必要的，我们就算想要参加派对，也不能影响到睡眠时间。

原则三：提前做好计划

在每一周或者每一天开始之前，花一点儿时间做好计划，否则我们很容易出现手忙脚乱的情况。时间管理最大的问题就是，永远不知道时间花在了哪些地方。因此，我们一定要提前做好计划：

1. 把每周或者每天要做的事情，全部记录下来；
2. 太大的任务可以分解成几个较小的任务；
3. 给每个任务打上“时间戳”。

原则四：享受成就感

当我们圆满完成某个任务时，内心通常会有满满的成就感。这种成就感会激励我们继续努力做好自己的时间管理。当然，也有例外，有的人能够在高效的生活中获得成就感，有的人则喜欢慢节奏的生活，这种差异源于每个人对于“成就”的不同理解。

无论怎样理解，成就感都会成为时间管理的巨大动力。

富兰克林有一句名言：“你热爱生命吗？别浪费时间，因为时间是构成生命的材料。”

我们如果不懂时间管理，生活就会变得杂乱无章，许多时间也会浪费在琐碎的小事之上；相反，做好时间管理，能够让一切井井有条。哈佛学霸和我们每天拥有相同的时间，只是他们更加珍惜时间，更懂得利用时间，才相对更加优秀。

立刻、现在、马上：牢记哈佛人的人生信条

你肯定也知道时间宝贵，并时常告诉自己要珍惜时间，要让每一分、每一秒都过得有价值。但很多时候，你无法意识到时间正快速流逝，就像你的床头挂着一个巨大的闹钟，它一直在嘀嗒嘀嗒地提醒你，你却对此置若罔闻一样。

正因为如此，你才会觉得时间不够用，要做的事情堆积如山，你却迟迟没有动手。

意大利著名的无线电工程师伽利尔摩·马可尼（Guglielmo Marconi）曾经说过："成功的秘诀就是要养成迅速行动的好习惯！"这也是哈佛学子的人生信条：无论要做什么事情，立刻、现在、马上就去做。唯有行动才能产生结果，也只有行动能留住时间，让时间产生价值。

想要有所作为，光有想法肯定是不行的，因为任何想法都无法在知识、能力和技巧等方面做到无可挑剔，如果你想等计划完美后再开始行动，可那时可能早已错失良机了。尤其在"不进则退，慢进也是退"的竞争时代，那些宝贵的机遇可能转瞬即逝。

Facebook[1]的创始人马克·扎克伯格（Mark Zuckerberg）在哈佛求学期间产生了一个想法，就是建立一个网络交流平台，方便哈佛大学生之间进行交流。有了这个想法之后，他没有半点儿犹豫，马上打开了自己的电脑，做了一款专门给女同学相貌打分的小程序。

这款小程序从设计到上线，仅花了短短6个小时，效率十分惊人。

虽然这只是“试水之作”，但受到了哈佛学子的极度青睐。扎克伯格信心满满，正式开始实施自己的计划。他仅仅花了一周的时间，便建立起了火爆全球的脸书网站。

如果扎克伯格在有了想法之后，没有立刻、现在、马上行动起来，而是迟疑或者拖延，脸书可能就不是他的了。毕竟互联网的风潮瞬息万变，任何一个创新的想法都有可能马上过时。你只有行动，才能抓住机遇，让自己成为领域内的“第一人”。

当年，马云在西雅图第一次接触到因特网，当他搜索“啤酒”时，网页上只弹出了几种外国的啤酒，却没有中国的，于是他在搜索栏输入“中国”两个字，没有任何结果。

于是，他产生了一个想法，就是做一个中国的网页。有了这个想法之后，他立刻行动起来，和朋友一起做了一个网页，之后便一步步着手打造属于中国的电子商务王国。

1　Facebook，中文译为脸书或脸谱网，是在美国广泛应用的社交网络服务网站。

从最简单的中国黄页到阿里巴巴集团，再到淘宝和支付宝，马云成功之路上的每一步，都是从“马上行动”开始的。所以有了想法就要马上行动，正如曾经的哈佛学子、著名的文学家拉尔夫·瓦尔多·爱默生（Ralph Waldo Emerson）所说：“一心向着自己的目标前进，行动起来的人，整个世界都给他让路。”

很多人没有立刻、现在、马上行动起来，是因为“时间判断失误”。

你肯定也有过“时间判断失误”的经历：明明感觉自己还有很多时间可以用来学习、做作业、复习功课，可是一眨眼的工夫，时间就没有了，最后只能通过熬夜或拖延来应对。

事实上，出现“时间判断失误”的最主要原因，就在于时间有主观和客观之分。古希腊人早就发现了这一点，他们将时间分为“钟表时间”和“沉浸时间”，只有钟表之外的时间才是有意义和价值的。现代人在此理论的基础上，将时间分为“客观时间”和“主观时间”。

“客观时间”是可量化却不可更改的，一般用日历或钟表来衡量，比如我们都知道每年会有一个 2 月 14 日；课间休息时间为 10 分钟。如果你错过了这些时间，就会错过开始、错过开场、错过上课。这些时间都是可以预知的，可以量化的。

“主观时间”是指我们对于时间的预知与判断，是不可量化的，也是无从比较的，是我们对于钟表之外的时间的经验。有的时候，我们感觉时间过得很快，转眼就过去了很长一段时间；有的时候，我们又觉得时间过得特别慢，就像蜗牛在爬行一样。

“时间判断失误”通常是对“主观时间”的错误判断，我们如何减少这种情况的发生呢？

美国心理学家菲利普·津巴多（Philip Zimbardo）说：“人们是参照基于过去、现在和未来的不同坐标来感知时间的。如果你只是局限于其中某一个时间坐标，那么你的生命观就会发生偏差和受到局限。

那些可以在三种不同的时间坐标参照中保持平衡的人最有可能适应社会发展的步伐，也更能够充分地享受生活。”

因此，我们可以通过不同的时间坐标来感知时间，并且时刻利用“客观时间”来提醒自己，因为“客观时间”是可以量化和观察的，可以直接影响对“主观时间”的判断。

当你觉得为时已晚的时候，恰恰是最早的时候！

这是哈佛大学图书馆里的又一句箴言：“The second you think it's so late is the fastest moment.”对每个人来说，“立刻、现在、马上”都是最好的开始，永远不要觉得为时已晚，否则有些路你永远也走不完！

你还记得经典名著《月亮与六便士》里的男主人公查理斯·思特里克兰德（Charles Strickland）吗？他在中年时有了自己的梦想，于是放弃了优越的工作和温馨的家庭，独自去远方追求自己的绘画梦想。这对很多人来说，是不可思议的，因为人到中年，安于现状总比颠沛流离活得轻松。

还有摩西奶奶[1]，她在 76 岁那年患上了关节炎，不能再做干了一辈子的刺绣活，于是开始学习画画。从零基础到举办个人画展，她只用了 4 年时间，直到 101 岁去世，她一共留下了 1600 多幅画作。这样的艺术产量是难以想象的，更让人惊讶的是，摩西奶奶 76 岁开始学习画画时，几乎没有人相信她可以学好，她却用实际行动证明了一切！

任何时刻都不会“为时已晚”，立刻、现在、马上出发，你也可以创造奇迹。

1　摩西奶奶，安娜·玛丽·罗伯逊·摩西的流行名，英文全称为Anna Mary Robertson，她晚年成为美国著名且多产的原始派画家之一。

哈佛人的自觉与自律：轻松告别拖延症

笔者曾经在知乎[1]上看到一个热门话题：当代年轻人的三大绝症是什么？获得赞同数最多的答案是熬夜、脱发和拖延症。这看起来像是一个冷笑话，却真实地反映了当代年轻人总爱拖延的坏习惯。你是不是也有过类似下文所述的经历呢？

每到假期老师布置作业之后，你都觉得自己的时间足够多，只要几天就可以完成的作业，不必急于一时。你一边这样安慰自己，一边打开电脑，叫上三五好友一起“吃鸡[2]”。到了假期的末尾，你终于下定决心要写作业了，可拿出书本不一会儿，又被朋友的电话叫出去玩了。

这样拖来拖去，直到假期真正结束了，作业也没有做好……

很多人身上有拖延的毛病，它不仅会对我们的生活、学习和工作造成负面的影响，还会影响到我们的情绪，成为阻碍我们成功的巨大“绊脚石”。

1　知乎，是一个网络问答社区，用户分享彼此的专业知识、经验和见解等。

2　吃鸡，网络流行语，是“大吉大利，晚上吃鸡”的简称，后经过演化指玩家在《绝地求生》一类游戏中取得第一名。

哈佛学子大多将“绝不拖延”当成自己的座右铭，但并不是天生就拥有“拖延免疫力”，他们也和普通的年轻人一样，时常会被拖延症影响。毕业于哈佛大学的蒂姆·厄班（Tim Urban）对此深有体会。从哈佛毕业以后，他先后创办了两家教育科技公司，工作十分忙碌。

除了工作，他还会花费大量的时间进行写作，并且开通了一个名叫 *Wait But Why*[1]的博客。他在博客上写了好几百篇文章，每篇文章不低于 3000 字。空闲的时候三天写一篇，忙碌的时候他一个月最少也要写一篇。博客每个月的访问量有 460 多万，就连硅谷大咖埃隆·马斯克（Elon Musk）都是他的忠实读者。他的文章内容全部都是自己感兴趣的话题，而不会盲目跟风、炒作热点，而且他写东西喜欢刨根问底，写作之前至少要花好几十个小时查阅相关资料，然后用最浅显的文字表达出来，最后再配上自己亲手画的“蜜汁插图”。这样精心写作的文章，深受读者朋友的喜爱，几乎篇篇被疯狂转载，其影响力可见一斑……

然而，就是这样一位成功而勤奋的人，却声称自己曾是一位拖延症患者，而且“病入膏肓”了。

蒂姆·厄班在哈佛上大学时，就是一位典型的拖延症患者，尤其在写毕业论文的那段时间，几乎已经到了无可救药

1 Wait But Why，中文可译为“如何打败拖延”，是写专题长文的博客，其网站插图中的人物均是“火柴人”。

的地步。他原计划用一年的时间精心完成自己的毕业论文，结果一次次拖延动笔的时间，直到必须交论文的前三天，他才不得不开始赶论文，结果整整90页的论文，他用了三天三夜的时间总算赶出来了。

这件事情也让他陷入了思考：是不是拖延症已经影响到自己的大脑思维？自己的大脑构造是不是和那些没有拖延症的人不一样了呢？他怀着这样的猜想走进了实验室，通过仪器扫描了自己以及一位非拖延症患者的大脑，发现两者果然有所不同！

蒂姆·厄班简单地解释说，非拖延症患者的大脑中有一个“理性的掌舵人”，而自己的大脑中除了“理性的掌舵人”，还有一只“及时行乐的猴子”。每次当“理性的掌舵人”告诉他“应该做事了”的时候，“及时行乐的猴子”都会抢过舵，告诉他“不用着急，时间还多，你可以去做自己想做的事情”。“猴子”存在于许多人大脑中，它不会区分事情的轻重缓急，只会诱导你享受“不费脑、开心”的这一刻！

蒂姆·厄班开始意识到拖延症对自己的负面影响，这就像是一个自觉的过程，他告诉自己必须想办法战胜拖延症，否则自己的人生将被拖延症耗费殆尽。为了对抗拖延症，他给自己制作了一本“生命日历”，日历中的每一个小方格都代表了自己人生中的一周，他本以为自己还有很多时间可以挥霍，然而“生命日历”显示他剩下的时间并不多了。

这样的“生命日历”时刻都在提醒着他：你的时间并不多，你没有时间拖延了。通过这样的提醒，蒂姆·厄班很快告别了拖延症。从哈佛毕业后，他更加珍惜生命中的每一分钟，用它们来创业、写作，做自己想做的事情。

哈佛大学图书馆的墙上有这样一句训言：“不要将今日之事拖延到明日。”

现代心理学将拖延症定义为一种自我调节失败行为，也就是在自己能够预知后果有害的情况下，仍然把计划要做的事向后推。拖延症是一种十分普遍的现象，它对于个人的身心健康会产生很严重的影响，比如出现强烈的自责与负罪感，还会对自我产生怀疑，并且伴随着抑郁、焦虑等心理疾病。如果拖延行为出现在政治、军事、管理、决策等重大问题上，比如重大的决策拖延、处理危机的拖延、解决问题的拖延等，则会造成无法想象的严重后果。

由于拖延的时间基本用来做了无意义的事情，所以很多人认为拖延是懒惰贪玩造成的，其实它并不是因为懒惰这么简单。对拖延者来说，他们的内心会纠结于很多事情，在面对内心的焦虑时，他们又会无意识地采取拖延行为来逃避面对，甚至可以说拖延本质上是为了避免内心的冲突及焦虑的手段。这样一来，他们就陷入了“焦虑—拖延—焦虑”的恶性循环中，因为拖延而产生焦虑，又因为焦虑而拖延。因此，我们必须克服拖延的坏习惯，用行动和成果来减少焦虑感的出现，让自己进入“行动—成就感—行动”的良性循环之中。

你必须拥有自觉意识，在“人生表格”上看到时间的痕迹。

很多人以为自己的生命还很长，自己的时间还很多，其实普通人活到 80 岁，一生也仅仅有 900 多个月而已。如果画一个 30×30 的表格，我们的一生仅仅用一张 A4 纸就足够放下了。

在这张量化时间的“人生表格”上，我们可以清楚地看到时间的形状。假如每过一个月，就涂掉一个小格，你的全部人生都在这张 A4 纸上了。

我们可能从来没有想过，原来自己的人生已经荒废大半，原来陪伴父母、同学、老师的时间那么少，原来自己的生命已经所剩无几……被量化的人生看起来如此短暂，所有时间都那么值得珍惜，让所有人都感叹不已。事实上，时间从来没有停止过自己的步伐，无论我们觉得它走得快或慢，它都不会为我们停留，也不会弃我们而去。

美国启蒙运动的开创者本杰明·富兰克林（Benjamin Franklin）在他的著作《致富之路》中写道："时间就是生命！""时间就是金钱！"这两句话在世界范围内广为流传，成为年轻人节约时间、珍惜时间的座右铭。

"人生表格"让我们看到了时间的残酷性，所以那些不懂得珍惜时间的人是最可悲的，因为我们拥有的时间是那么有限。如果我们不想用浪费时间的方式去"慢性自杀"，那就应该马上把握住时间，告别拖延，只有这样才能"延长"有限的生命，让自己的人生更有意义。

除了自觉，我们还要学会自律，通过时间管理来克服拖延症。

很多人想管理好自己的时间，却又苦于没有好的时间管理法，因为关于时间管理的书籍和方法浩如烟海，真正能够起到作用的却少之又少。面对这样的窘境，我们可以学习一下"番茄工作法"。这是时下最流行、最简单的时间管理方法，也是哈佛教授最推崇的时间管理法。

什么是"番茄工作法"呢？简单来说，就是选择一项待完成的任务，将"番茄时间"设置为25分钟，然后专注地学习或工作，中途不被任何与该任务无关的事情打扰，直到25分钟倒计时结束；任务结束后休息5分钟，完成3～4个番茄时间后，将休息时间延长至15～30分钟。具体的操作流程如下：

1. 准备好工具

"番茄工作法"所需要的工具十分简单：一支笔、两张纸和一个定时器。

你要用两张纸画出两个表格，一张是“今日待办事项表”，一张是“活动清单表”。

“今日待办事项表”需要填上当天的日期，列出当天需要完成的任务，每天更换一张。

“活动清单表”是你近期需要完成的任务，可以根据轻重缓急排序。一张“活动清单表”可以用很多天，随时增加新的任务，已经完成的任务涂掉即可。

2. 确定你的“番茄时间”

你可以根据自身的情况来确定“番茄时间”，可以是 30 分钟，也可以是 1 小时。如果你将自己的“番茄时间”设置为 30 分钟，那么接下来的 25 分钟就必须专注地完成学习任务，5 分钟用来休息，然后再开始下一个“番茄时间”。

当你完成 3 ～ 4 个番茄时间后，可以将休息时间延长至 15 ～ 30 分钟。

3. 应对干扰

哪怕一个“番茄时间”只有短短的 25 分钟，你仍有可能受到各种干扰，无法保持专注。

这些干扰主要以两种形式出现，一是内部中断，二是外部中断。

内部中断是指自己突然想到有其他事情要做，比如需要给同学回个电话，这时你可以把突然想到的事情写进“今日待办事项表”，然后继续完成这一个“番茄时间”，不要中断。

外部中断是指另有一些紧急、重要的事情需要马上处理，这时你应该放弃这个“番茄时间”，哪怕它只剩下 5 分钟就要结束了，先去处理紧急、重要的事情，然后再开始一个新的“番茄时间”。

“番茄工作法”能够帮助我们更好地进行时间管理，也能够让时间的分配变得有迹可循。它的最终目的，就是让我们从一个一个“番茄时间”的完成所带来的效率提升和激励中获得丰富的成就感和满足感。我们有了成就感之后，便会更加热情、专注地去学习，在成就感中不断提高自己的学习效率，继而克服拖延的坏习惯！现在有一些手机 App 也运用了“番茄工作法”，比如番茄土豆，有兴趣的朋友可以学习一下。

当我们有了自觉意识，便能打败大脑中“及时行乐的猴子”；当我们开始变得自律，便能够彻底克服拖延症，让自己每一分每一秒都活得有意义，而不是在拖延中懵懂度日。

强大的执行力：哈佛人总比别人快一步

微博上有一句很有哲理的话："种一棵树最好的时间是 10 年前，其次是现在。"

很多人的梦想在时间的长河里搁浅了，为什么？因为他们没有执行，或者没有坚持执行下去。你可以回想一下，自己是不是也有过很多"伟大的梦想"呢？比如成为作家、医生、健身教练、导游等等。可是由于各种原因——没有时间、没有精力、没有动力……最终梦想搁浅了。

俄国著名寓言作家伊万・安德烈耶维奇・克雷洛夫（Ivan Andreyevich Krylov）曾经说过："现实是此岸，梦想是彼岸，中间隔着湍急的河流，行动则是架在河上的桥梁。"当人生遭遇湍流，你还能勇敢地面对吗？梦想的好处是能增加人对生活的热情，使你在接受考验的时候，还能为了梦想而勇敢面对。然而，除非我们以理想为基础，付诸行动，在行动中不抱怨，否则任何美好的梦想都是难以实现的。

在充满竞争的新时代，只有强大的执行力才能让我们脱颖而出。

哈佛大学也很重视培养学生的执行力，哈佛教授除了讲解课题，还会让学生"马上行动"，将学习到的知识运用到现实生活当中去。哈佛学子也懂得执行的重要性，当有了自己的目标之后，会立刻执行，让自己快人一步，因为半点儿的拖延都有可能让他们落于人后。

什么是执行力呢？执行力就是贯彻战略意图，完成预定目标的操作能力。在现实生活中，有的人做事总是小心谨慎，每次产生想法之后都要深思熟虑，觉得一切都准备就绪才行动；有的人却勇于行动，有了想法就大胆行动起来，而不是站在原地观望。要知道，真正渴望成功的人是不会一直观望的，他们不会坐在原地等待机会，而是自己寻找机会、创造机会。那些只知道站在原地等待的人，最终会像《等待戈多》一样，永远只是在等，戈多（Godot）也许没有来，也许来了，但是等待的人并不知道，也没有看见——机会也像戈多一样。

对于自己想做的事情，说得再多也不如立刻执行，因为行动永远比想法更实在。

哈佛学子崔云韬身上有许多标签，比如英文模拟法庭赛场上掌控全场的“意见领袖”，2016年国家奖学金得主，大成律师事务所反垄断方向的实习生，收到哈佛、伯克利等美国知名高校录取通知书的优秀学生，等等。他身边的同学和老师对他的评价则是“执行力超强”。

崔云韬曾说过：“当一个东西对你来说有足够大的意义，你就会有足够大的动力去做这件事。”他所说的动力，其实就是执行力。一个人的强大执行力往往源于内心强大的渴望。

大三那年，他参加了一个重要的考试LSAT（Law School Admission Test，法学院入学考试），这是申请国际法学院的必要条件之一。为了备考，他付出了所有时间和精力，但第一次LSAT考试的成绩并不理想。如果考试再失利，他可能就要与国际法学院失之交臂了。就在二次备考期间，他收到了大成律师事务所的实习通知，这意味着他必须做出选择了，是专心备考，还是两头兼顾？

最后，他还是决定“逼自己一把”。于是，他的日常安排变得异常紧凑：每天早上6点起床，7点钟到达律所开始刷题，9点开始实习工作；加班到晚上8点多，学习到晚上12点或1点才能一头倒在床上。那段时间，他一共要做70多套模拟题，每套题要做3个小时。二次备考的一个多月时间中，他始终保持着这样的状态。这需要极强的执行力才可能做到！

他的努力也没有白费，他不仅考上了国际法学院，还顺利拿到了哈佛大学的录取通知书。

一个拥有强大执行力的人，他的执行力肯定不仅是单独的素质，而多来源于内心强大的渴望。当心中赋予一个目标巨大意义时，他所承受的压力也是别人无法想象的。有人说，崔云韬身上有很多让人羡慕的经历，崔云韬自己却说：“这可能不是我能做到的最好。”

若我们有了这种“不知足”的执行力，实现人生中一个又一个的目标，也不是什么难事吧？

如果执行力最好的帮手是“立刻行动”，那它最大的敌人就是“时刻倦怠”。

无论我们想做什么事情，想完成怎样的目标，都不应该等所有的条件都成熟了以后再开始行动，否则只会被困于等待和拖延之中。有些人虽然拥有近乎完美的计划与实施步骤，却会因为拖延而停滞不前，甚至产生倦怠心理。

1974年，美国临床心理学家赫伯特·J.弗罗伊登贝格尔（Herbert J. Freudenberger）首次提出“职业倦怠”的概念，用来指人面对工作重压时产生的身心的极度疲劳。2019年5月末，世界卫生组织已经将

“职业倦怠”列入了国际疾病分类名单中，并将其描述为“未能被成功处理的、来自工作场所的长期压力”。

除了“职业倦怠”，日常生活中我们时常被倦怠情绪所困扰。它对个人的身心健康及学习、工作中的表现，都会造成很大的影响。导致倦怠的心理因素有很多，比如忧郁、愤怒、悲观、焦虑、失眠头痛、学习和工作无效率、人际关系紧张等等。

如果你也出现了以上这些情况，那么就得好好反思一下是否在学习中产生了倦怠情绪，而且要明白：克服倦怠情绪的最好方法就是马上行动起来。

在这个“快者为王”的时代，最出色的人往往能够快人一步。

21 世纪是全面竞争的时代，那么我们的竞争力又来自哪里呢？哈佛大学心理学教授戴维·麦克利兰（David. C. McClelland）告诉我们，未来的竞争力来源于行动力，而行动力又来源于学习力。如果你想在激烈竞争的时代里获得更高的成就，就要拥有果断的行动以及自我的学习力。

现代社会竞争越来越激烈，谁能成为时间的主人，能在最短的时间内获得最大的效益，谁就是人生的赢家；谁能比别人快一步，把时间的功用发挥到极致，谁就拥有了行动的主动权。

思科系统公司[1]总裁约翰·钱伯斯（John Chambers）提出过一个著名的“快鱼法则”，他在谈到现今经济的发展规律时说道：“现代社会的竞争已经不再是传统的‘大鱼吃小鱼’，而是‘快鱼吃慢鱼’。”

1　思科系统公司，Cisco Systems，是全球互联网解决方案的领先供应商。约翰·钱伯斯于1991年加入思科系统公司。

如果你是一条“慢鱼”，就必须从现在开始加快自己的速度，否则只会被身边的“快鱼”吞食。想要获得进步与成功，你就要学会快人一步。那些能够将竞争者挑落马下的人，其实并没有什么绝招，他们只是在竞争者出手之前，在速度上比竞争者快了一点儿而已。这也是哈佛人的制胜绝招：总比别人快一步，总比别人更优秀！

追求效率，更要追求质量。在前行的路上，要学会反思和奖惩。

尽管我们总希望自己能够“快人一步”，但“快”并不是冲动和盲目。我们还需要在执行的过程中，根据计划的执行进度和执行情况反思，比如“今天我完成了哪些学习目标？”“这一周我的学习成绩提高了多少？”“我离自己的终极目标还有多远？”等等。

这样的反馈就像学习总结一样，能够帮助我们进行自我检视，让我们更好地把握自己的执行力，即自己在一定的时间内可以做多少事情，是否到达了极限，有没有提升空间，等等。

在执行计划的过程中，如果我们能够制定相应的奖惩机制，往往能让计划更加高效地执行。比如自己完成了某个目标，就给自己某个奖励；相反，自己没有按时完成某项任务，则给自己一点儿小惩罚。奖惩机制能够帮助我们更好地提高执行力。

英国作家约翰·罗斯金（John Ruskin）有一句名言：“上帝绝不会只赋予你使命，而不给你时间去完成。”

在执行计划的过程中，我们必须养成准时、守时、不轻易浪费时间的好习惯，要知道计划中的每一个目标、每一个步骤都有完成的时间期限，只有准时、守时地去完成，才能稳扎稳打，确保计划的高效实现。

在超越中进步，明天比今天更好

在自然界中，人类与其他动物相比，似乎并没有什么优势可言。

人类没有大象那样庞大的身躯，不能像猎豹一样快速奔跑，不能像飞鸟一样翱翔于天际，也不能像鱼儿一样畅游大海……那么，人类又是如何成为地球的统治者的呢？

这是因为人类拥有智慧，而智慧可以让人类不断超越自我，在超越中不断进步，变得越来越强大。人的潜能也是在一次次超越自我的过程中被激发出来的。所谓的成功也不是多么深奥的大学问，仅仅是我们不断超越上一次的表现，让明天比今天更好而已！

2018 年 10 月 5 日，哈佛新任校长劳伦斯·S. 巴考（Lawrence S. Bacow）走上哈佛校园的演讲台，正式成为哈佛历史上第 29 任校长。那一刻，全世界的目光都聚焦在他身上，他也像历届哈佛校长一样，在万众期待的目光中，发表了自己的就职演讲。

这次演讲的主题为“就此启航，追求卓越”，其中有几段发人深省的话：

“在哈佛，我们必须努力做出榜样。在座的每一位都很聪明和敬业，在这里，言论自由是我们的准则之一，我们拥有丰富的资源和免于在恐惧中入睡的良好环境。如果在哈佛的校园里都无法探讨那些分裂我们的问题，那么世界其他地方便会更没有希望。

“与此同时，我们不应为我们事事卓越而抱歉。哈佛就是卓越的同义词。

“我们在全世界搜寻优秀的学生和教师，他们愿意在我们的教室、实验室、运动场和表演舞台彰显才华，并在社区中努力发挥重要作用。

“我们对卓越的承诺永远不应被解释为对精英主义的拥抱。我们所代表的卓越不是与生俱来的特权。它不是由那些天生的特权者继承的东西，甚至不是那些天赋异禀的人所继承的内容。卓越不仅仅是由数字定义，它同时还包含着灵感和想象，毅力和决心。

“我们所追求的卓越只有通过不懈的追求才能实现。学术成就好似冲入黑暗的甬道，不断接受失望，并再次出发。它无疑是混乱和费力的。我们喜欢庆祝“尤里卡”的时刻，而这些瞬间诞生于长年累月的早出晚归之后。”

哈佛校长的言行一直是社会各界关注的焦点，更别说这样令人瞩目的就职演讲了。劳伦斯·S. 巴考校长所提出的教育理念得到了广泛的认同与遵行，引领了高等教育发展的潮流。追求卓越，不断进步，这也是当今教育界最为推崇的理念！

成功就是不断在超越中进步，不断超越上一次的表现。

无论你的梦想有多么远大，想要实现它都不是一朝一夕的事情，而需要长时间的坚持与不断超越自我的决心。正如劳伦斯·S. 巴考校长所说：“我们所追求的卓越只有通过不懈的追求才能实现。”那些与成功无缘的人，并不是没有获取成功的能力，而是不懂得超越自我。

在很多人心目中，哈佛是殿堂般的高级学府，能够进入哈佛的学生无疑是优秀的人才。中国每年也会有不少学生进入哈佛学习，其中有一位很特别的女生，她的名字叫朱成。

她为人十分低调，名气并不高，但是她的头衔和荣耀闪闪发光。她是哈佛建校370年以来第一位担任哈佛教育研究生院学生会主席的中国人。

她从小就是一个勇于超越自我的人。小时候，她身体虚弱，跑步的时候总是倒数第几名。母亲安慰她说："只要努力追赶前一个学生，就是成功。"这样的激励效果立竿见影，以后每次跑步的时候，她都朝着一个目标努力追赶，不断进步。

这样的"追赶"策略还被她运用到学习上。订下目标之后，她就努力"追赶"，学习成绩不断提升，最终以优异的成绩考上北大，毕业后又顺利考上哈佛大学，拿着全额奖学金。

在进入哈佛学习的第二年，她便拿到了教育硕士学位，成绩全是A，还被哈佛文理研究生院聘任为全职教师。在教学的同时，她也没有放弃学习，一年后又被教育研究生院录取，成为一名博士生。由于有哈佛的教学经验，个人综合素质也很强，她最终成为哈佛教育研究生院的学生会主席，并且获得了该学院对学生的最高奖励——杰出工作奖。

虽然朱成的成功之路难以复制，但是我们可以借鉴她的"追赶"策略，不断超越自我，在"追赶"目标的过程中，不断获得进步。

和过去的成功说再见，和过去的自己说再见

很多人在获得成功时，就开始扬扬得意，停滞不前。这可能是个人进步最大的障碍了。面对自己的成功，有的人忘记了继续前行，追求更进一步的成功；有的人却将过去归零，选择和过去的成功说再见，和过去的自己说再见。

或许你曾在昨天获得了无比辉煌的成绩，但它已成为“过去式”，已经成为某种回忆。只有把自己想象成一只空着的杯子，放下过去的一切，你才能更好地接受新的东西，更好地面对未来。这便是心理学上著名的“空杯心态”。“空杯心态”并不是完全地否定自己的过去，而是让我们怀着放空过去的态度，去融入全新的环境，以积极乐观的态度去面对全新的事物。

当我们拥有“空杯心态”之后，会随时随地对自己所拥有的知识和能力进行重整，淘汰过时的，为新的知识及能力腾出空间。同时，它会使我们放下过去的成绩，不断刷新自己的起点，获得一次又一次的成功。如此不拘泥于过去的喜悦和成功，我们才能令自己始终处于崭新的生活中，不断让自己获得进步，获得无限的成长空间。

在错误中总结经验，在失败中汲取力量

在每个人的成长之路上，都会有各种各样的际遇，错误和失败也是难以避免的。

因此，我们应该用“成长型思维”来看待自己的经历，从错误与失败的际遇中获得经验，让自己的能力得到提升。有时犯错和失败也能让我们获得进步。

诺贝尔文学奖获得者莫言曾经说过：“人不怕犯错误，犯了错误，如果能带着教训和反思爬起来，错误就会成为课堂。”我们每个人都

有犯错的权利，犯错也是成长之路上不可避免的经历。我们可以允许自己犯错，但是不能允许自己犯相同的错误。

除了犯错，失败也是我们必须面对的事情。什么是失败呢？失败就是我们预先设定的目标没有达成、在生活或学习中遭受打击、陷入各种困境中等等。

当错误或者失败出现时，我们不应该慌张、害怕、不知所措，而应该在错误中总结经验，在失败中汲取力量。我们一定要相信，错误和失败也能带来成长。

第四章

兴趣是最好的老师：敢于追问本质的哈佛精神

在兴趣中找到乐趣，在学习中创造快乐

著名教育家瓦·阿·苏霍姆林斯基（V. A. Sukhomlinsky）曾提出过一个观点：教育的目的不是将孩子的精神世界变成单纯地学习知识，假如我们力求将孩子的全部精力都专注到功课上，那孩子的生活将变得让他们难以忍受。孩子不应该只是一个学生，还应该是一个有着多方面兴趣、要求和愿望的人。

在应试教育的大环境中，老师、家长抑或其他人，几乎将分数当成衡量孩子是否优秀的标准。所有人可能都忘了，孩子并不是“生而为学”的，还是具有好奇心、探索欲和各种兴趣爱好的人。因此，在哈佛的教育理念中，学习并不是第一大事，哈佛更着重于培养学生对于学习的兴趣，使他们能够在兴趣中找到乐趣，在学习中创造快乐。

哈佛华人教授丘成桐是著名的数学家，在世界数学领域颇具影响力。他曾摘得“数学界诺贝尔奖”——菲尔兹奖，也是目前唯一获得这个奖项的华人数学家。

如果你认为这样的“牛人”肯定整天只知道埋头学习，沉浸在各种数学公式中无法自拔，那就大错特错了。因为丘成桐教授曾在北大附中演讲时透露，小时候的他成绩并不理想，但是父亲培养了他的学习兴趣，让他拥有了源源不断的学习动力。

丘成桐教授在演讲中说道："童年的教育对一个孩子的影响是重要的，启蒙教育是不可替代的，它往往奠定一生事业的基础。虽然一位家长可能受教育的程度不高，但是他在孩子很小的时候仍然能够培养孩子的学习习惯和学习乐趣。对孩子们来说，学到多少知识并不是最重要的。兴趣的培养，才是决定其终身事业的关键。"

回忆起小时候，丘成桐教授觉得自己特别幸福，因为父亲给了他自由选择的权利，他可以根据自己的兴趣爱好，学习自己想学的任何东西。反观目前的应试教育，老师和家长往往注重知识的灌输，根本不在意孩子的兴趣爱好，有的人一生也没有领略到学习的乐趣。

哈佛大学在录取新生时会关注几个点，那就是这个学生的创造力如何，他是否拥有强烈的好奇心和动力去探索全新的领域，除了本专业的知识，他是否关心其他领域的东西，是否拥有广泛的兴趣爱好。所以，你的兴趣爱好，你的课外活动，也是哈佛会关注的方面。

前段时间有一则新闻很火：一位台湾女孩在 SAT [1] 考试中拿了满分，却没有拿到哈佛的录取通知书。女孩的母亲打电话质问校方，校方十分礼貌地解释说："她除了 1600 分外什么也没有……" 可见，SAT 拿了满分也不一定能够得到哈佛的青睐，哈佛招生办更看重的是学生的综合素质。除了专业成绩外，学生在其他方面的表现是否优秀

1　哈佛学术能力评估考试，用于甄选奖学金申请人，分为英语阅读，英语写作，数学三部分，总分1600分。SAT，全称Scholastic Assessment Test，中文名称为学术能力评估测试。

也很重要，比如音乐、体育、艺术等。

学习应该以兴趣为基础，而兴趣来源于生活经验。哈佛大学对于天才的定义是“拥有强烈的兴趣和疯狂的投入的人”。

丰富的网络信息能够告诉你世界各地正在发生的事情，却无法带给你高空蹦极和赛艇冲刺时的紧张刺激；课本上的知识再丰富多彩，也比不上现实世界里的风云变幻；哪怕你能够说一口流利的外语，也无法切身体会到异国的风土人情和思想差异。

哈佛大学首任女校长德鲁·吉尔平·福斯特曾说：“孩子们的将来必定是和各种国家不同文化背景的人在一起工作和生活。所以，了解整个世界也成为他们的必修课。”

她建议年轻人每年去一个陌生的地方，让自己获得足够多的生活经验，并且发现自己的兴趣点。当然，并不是所有年轻人都有条件、有能力做这件事，但是你可以在课本之外发现自己的兴趣点。你可以试着去做自己最想做的事情，去学习自己最想学的知识，竭尽全力，如果发现“不可为之”的话，再回到自己只能去做的事情上面，这时候同样可以踏踏实实地学出好成绩，并且内心不再充满疑惑，因为自己已经从生活经验中获得了成长。

学习应该以兴趣为基础，但是如果你缺乏生活经验，兴趣也会变成无源之水。因此，那些整日被锁在学校和辅导班的学生，应该走出去体验不同的社会生活，获得更多的经验。在多种体验之中，找到自己的兴趣点，他们才会明确自己未来的方向。

这样的学习才会充满快乐，并且毫不费力！

在兴趣中学习能够让人感到快乐，是因为大脑中分泌的多巴胺。如果从脑神经层面来看，同样能够找到“兴趣有助于学习”的证据。

我们的大脑中有一个十分特殊的区域，脑科学家将它称为“杏仁核”，它的主要作用就是产生、识别和控制情绪，方便我们学习和记忆。当我们在做自己感兴趣的事情时，“杏仁核”中便会分泌出一种名叫多巴胺的神经化合物，刺激大脑的奖赏通路，让我们产生快乐的情绪，从而有效提高我们的学习力与记忆力。

学生在学习自己感兴趣的知识时，往往能够全身心地投入其中，其发散思维、创新思维以及各种潜能都将得到最大限度的发挥。学习的乐趣也从此而来。

学生时期是人生中最美好的时光之一，除了学习，我们还应该拥有更多快乐的经历。在传统的教育模式下，或许只有学业、成绩才是老师和家长关注的重点，但哈佛人用自己的亲身经历告诉我们：兴趣才是最好的老师，在兴趣中学习才能创造快乐！

美国的教育方式更注重开发学生的潜能，也更注重娱乐性与趣味性。比如在历史课上，如果老师正好讲到古希腊，那么老师就会让学生去图书馆查阅相关资料，找出关于古希腊的报纸或杂志；如果在自然课上，老师讲到了植物的种类，那么就会要求学生去植物园找来各种植物的叶子，然后对照图书来认识那些植物的名称及特点。此外，美国的中小学还很注重引导孩子关心现实社会问题，所以教师会给孩子提出一些成人化的课题，让孩子亲自去解决，比如“如何解决环境问题？”“如果你是总统会怎样做？”，孩子也会很认真地去查阅相关资料并且展开调查，最后产生的想法甚至会让成年人觉得惊讶！

哈佛教授丘成桐也曾指出：“美国的中学注重通才教育，数学以外的学科，例如文学、物理学、哲学，都会刺激学生的思考能力，值得鼓励。”什么是“通才教育”呢？就是让学生拥有各种兴趣爱好，能够了解不同领域的知识，在音乐、美学、体能等方面得到发展。

如果学生能够保持童心，保持人与生俱来的求知欲和创造力，能够在兴趣中找到乐趣，在学习中创造快乐，那么在日后的学习和工作中，也会出类拔萃，轻松前行。

十个缺点与一个优点的启示

自从哈佛大学的霍华德·加德纳（Howard Gardner）教授提出“多元智能理论”之后，很多人开始发现自己身上的闪光点——哪怕自己身上拥有十个缺点，你也能找到一个优点将其掩盖！

“多元智能理论”指出，每个人身上至少有7种智能，它们分别是语言智能、数理逻辑智能、音乐智能、空间智能、身体运动智能、人际交往智能和自我认知智能。由于每个人的自身条件不同，生活和教育环境不同，所拥有的智能也不同。因此，每个人都有不同的优势智能与弱势智能组合，也就形成了不同的优点与缺点。

在教育上，如果能够根据学生的不同智能因材施教，正确地认识学生身上的缺点与优点，定然能够最大限度地挖掘学生身上的潜能。哪怕学生身上有十个缺点，但只要发现一个优点，便能找到教育的突破口。对学生而言，发现自身的优点，能够增强自信心，并且找到最适合自己的学习方向和方法。无论老师、家长还是学生自己，都应该用辩证的目光来看问题。

无论何时都不要看轻自己，因为每个人身上都有一座潜能的宝库。

美国第16任总统亚伯拉罕·林肯（Abraham Lincoln）说：“关键的一句话，有时会影响人的一生。”从教育上来说，多一把尺子就会多一个人才，一个人身上有十个缺点，但只要有一个优点，就能挖掘出无限的潜能。

在现实生活中，很多人妄自菲薄，不知道自己的潜力究竟在什么地方。其实，每个人身上都有一座潜能的宝库，只是很多人并不知道，也无法将这些与生俱来的潜能发挥出来。

因此，你一定要学会培养自己的兴趣爱好，学习多个领域的知识，在兴趣中找到自己的优势智能，发挥自己的特长。只要一个人还有生存的意志，不选择死亡，就会主动寻找出路。哪怕唯一的活路上布满了荆棘，求生的意志也会支撑你走下去，直到出现新的转机。

你必须看到自己的优点，相信自己能够做到，往往就能够做到。

现代心理学有一个著名的“杜根定律”，它的提出者是美国橄榄球联合会前主席 D. 杜根（D.Dugan），他说：“强者未必都是胜利者，而胜利迟早会属于有自信心的人。”杜根定律告诉我们：只要相信自己能够做到，就能超越自己的极限，发挥出潜能的力量。

从古希腊开始，长跑运动员就试图在 4 分钟之内跑完 1 英里（1 英里约为 1.6 千米）。为实现这个目标，有人曾喝过真正的虎奶，有人曾被狮子追赶过，可是仍然没有人能够成功。

几乎所有教练、运动员甚至是医生断言：人类不可能 4 分钟跑完 1 英里，因为我们的骨骼结构不一样，肺活量不够大，风的阻力又太大了……理由实在多得离奇。

然而，有一个人创造了 4 分钟跑完 1 英里的纪录，他就是罗杰·班尼斯特（Roger Banniste）。

更让人意想不到的是，在这之后的一年中，居然有超过 300 位运动员能在 4 分钟之内跑完 1 英里的路程。他们知道罗杰可以做到后，相信自己也能做到，从来也不会去怀疑自己。

这需要强大的自信心，需要看到自己身上的优点，而不是被缺点所束缚。当我们身上的潜能被开发后，很多不可能实现的事情变得轻而易举了，我们甚至会突破自身的极限。这样“离奇”的现象也可以用美国当代著名心理学家阿尔伯特·班杜拉（Albert Bandura）提出的“自我效能感”来解释。

自我效能感是指个体对自身是否拥有成功应付特定情境的能力的推测与判断。用班杜拉的话来说：“自我效能感的重点并不在于个人拥有怎样的技能，而在于个人用自己拥有的技能去做些什么。”我们也发现，每个人的自我效能感，决定了人们是相信自己，还是怀疑自己。自我效能感强的人，更容易看到自己的优点而不是缺点，也更容易激发自己的潜能，打破极限。

很多事情本身并没有什么影响力，真正影响我们的是我们对于这件事情的看法与态度。虽然每个人身上都有各种潜能，但真正能够让这些潜能得到发挥的人寥寥无几。有的人通过心理暗示激发了自己的潜能，最终取得了比常人更大的成就。

“尺有所短，寸有所长”，让你身上的优点变成闪光点。

美国著名心理学家威廉·詹姆斯（William James）写过一本书名叫《暗示心理学》，用大量篇幅来告诉我们心理暗示的作用究竟有多大。你知道什么是心理暗示吗？用一位幽默学者的话来说：“人就是一种奇怪的动物，总是喜欢自言自语，这样的‘谈话’结果甚至会影响到日后的行为习惯，甚至成为自我人格的一部分，这便是自我暗示。”

一个人对于自己的评价也是自我暗示的一部分。自我暗示有积极和消极的分别，积极的自我暗示就是对自我的肯定，是看到自己身上的闪光点；而消极的自我暗示，会让人对外界事物的认知形成某种心理定式，容易偏听误信，自我设限。

著名的教育专家颜晓川毕业于麻省理工学院，现在是国内某教育机构的特聘讲师，专门负责学生的学科诊断以及学习方法指导。他认为，现代教育的最大弊端，就是不懂得如何发掘孩子身上的闪光点，大家总是将目光放在孩子的缺点而不是优点上面。

事实上，浑身上下全是缺点的学生也有属于自己的闪光点。我们必须用欣赏的眼光去看待自己以及身边的人。这样才能发现自己的优点，不妄自菲薄；才能发现他人的优势，不随便轻视他人。另外，一定要注重兴趣培养，因为每一个兴趣爱好都有可能激发你的潜能。

哈佛兴趣培养法：从被动学习到自主学习

我们时常听到家长朋友用“听话”“乖”这样的词来夸奖孩子，也时常见到家长朋友披着“为你好”的外衣，剥夺孩子自主学习的权利。很多家长喜欢根据自己的经验来决定孩子的学习内容及方向，比如时下 AI[1]技术火爆，就让孩子学习 AI 课程，根本不顾及孩子的兴趣爱好是什么。这样的家庭关系被心理学家称为“病态共生的亲子关系”。

孩子如果太“听话”，自己的兴趣爱好就会被扼杀；如果“不听话”，父母又会焦躁不安了。如何才能解决这个矛盾呢？哈佛的兴趣培养法或许能够为父母及孩子指明方向。在兴趣培养的道路上，父母、老师应该是一座指明方向的灯塔，不要妄图成为孩子大脑中的“司机”，掌控孩子前行的方向。只有尊重并培养孩子的兴趣爱好，才能让孩子的学习态度从被动变成主动。这也是哈佛学子所采用的学习方式——培养兴趣，自主学习！

“自主学习”是一种高质量的学习方式，它相对于“被动学

1　AI，Artificial Intelligence，人工智能。

习”“机械学习”而言，更容易达到学习的目的。如果学习是一碗汤，“被动学习”“机械学习”就是填鸭式的灌输，而“主动学习”是自己端起碗来喝下汤，并且十分享受这种美味。

哈佛大学最年轻的华人教授尹希曾经说过：“做自己喜欢做的事情，你能事半功倍，效率大大提高。”尹希曾是一位“天才少年”，他 9 岁便在北京八中少年班上学；12 岁参加高考，并且以优异的成绩考入中国科技大学少年班；17 岁被哈佛大学录取，硕博连读，研究方向为弦论和量子场论；2015 年 9 月正式成为哈佛大学最年轻的华人教授……

尹希是如何踏上“开挂”人生的呢？他曾在一次采访中回忆说：“我 9 岁在北京八中上少年班，那对我来说是很重要的一个人生转折点。因为，那时候我觉得我接受了在中国能够接受到的最好的教育，而且它非常有因材施教的感觉，我们有很多野外的活动，在那时候也培养了对自然的兴趣。”尹希所拥有的强大学习力，正是从兴趣培养开始形成的。

尹希在哈佛读博士期间，有一年寒假，教授布置了很大一堆作业，还说：“这次作业有点儿多，你们尽力去做，能够完成多少算多少。”很显然，教授并没期望学生能够将作业完成。

美国大学的寒假不像中国的这样“漫长”，仅仅两个星期而已。不过，尹希对作业内容产生了浓厚的兴趣。他每天起床、洗漱、简单地吃点儿早餐之后，便开始做题，一直做到凌晨三四点，做完就睡觉。第二天他又从清晨开始做题，一直持续到寒假结束。

寒假过后，有同学问尹希：“你的作业做了多少啊？”

尹希说：“嗯？我全部都做完了啊！”

当尹希把全部作业交上去，80多页作业纸让教授和同学都看傻眼了。

事后有人请教尹希：你的学习秘诀是什么？

尹希回答说："我并不觉得有什么学习的秘诀。最重要的是我对这个学科本身有兴趣。任何人如果有兴趣，都会觉得是一个很好玩的事情，都会专注地学。如果你没有兴趣的话，就会感觉是被逼着学这个东西，这是很不成功的事情。"

的确，每个人的时间和精力都是有限的，你只有做自己感兴趣的事情，才能事半功倍；只有对某个知识点充满兴趣，才能从被动学习到主动学习。

对成长型思维的人来说，兴趣是可以培养出来的。

哈佛大学、耶鲁大学、斯坦福大学、新加坡国立大学曾联合进行过一次研究，发现绝大多数人存在一个思维误区：人的兴趣早就存在，只是没有被发现而已，只要将"藏"起来的兴趣"找到"就可以了。这样的思维误区可能会限制我们对于全新领域的追求，并让我们在追求中轻言放弃。

事实上，对成长型思维的人来说，兴趣并不是找出来的，而是培养出来的。人的兴趣也不是一直存在、一成不变的，需要进行后天的培养。

你可以不断尝试踏足多个领域，不断积累成功的经验，不断发现自己的兴趣点。在尝试的过程中，可能会不太顺利，你甚至可能失去最初的热情，这时候不要轻言放弃，多一点儿尝试或许就能得到满意的结果。通过这样的试错方法，你可以过滤掉自己不喜欢的事情，真正找到内心所爱。要知道，在强烈兴趣的支撑下，学习肯定是轻松快乐的事情。

天才的诞生：在擅长的领域创造奇迹

每个人都有自己的优势和劣势，想要获得成功，你认为应该了解并改善自己的劣势，还是将自身的优势发挥到极致呢？这个问题是由美国著名的民意调查公司盖洛普咨询公司提出来的。

当时，盖洛普公司在数十个国家进行调查，被调查者有数十万人。调查的结果有些出乎意料：在被调查的所有国家，大多数被调查者认为应该把关注点放在了解和改善自己的劣势上，只有极少数的人认为努力发挥自己的优势更重要，而这些人往往是很成功的。

盖洛普公司随之提出了著名的“优势理论”：一个人能否取得成功，关键就在于他能否避开自己的短处，并且充分发挥自己的优势。不过在现实生活中，很多人只看到自己的缺点，从而暴露更多的劣势，又受到传统观念的影响，花费大量的时间和精力去弥补自己的缺陷。“优势理论”告诉我们要努力让自己的长板更长，而不是一味地去弥补自己的短板。

曾获哈佛大学荣誉学位的本杰明·富兰克林有一句名言：“宝贝放错了地方便是废物。人生的诀窍就是找准人生定位，定位准确能发挥你的特长。经营自己的长处能给你的人生增值，而经营自己的短处会使你的人生贬值。”所以，成功者的智慧就是尽量避开自己的劣势，努力在自己的优势上面发光发热。如果你不懂得避开自己的劣势，也不懂得发挥自己的优势，就等于拿自己的短处与别人的长处对比，这样的做法如同以卵击石。

哈佛大学走出过30位普利策奖[1]得主，对于这个新闻界的国家级奖项，你又了解多少呢？其实，普利策是一个人的姓，他的故事也能说明发挥优势的重要性。

> 约瑟夫·普利策（Joseph Pulitzer）在21岁的时候，才开始进入新闻行业工作，那时候由他创办的《快邮报》已经是美国报业界利润最高的报纸之一了。
>
> 只是很少有人知道，在21岁之前，普利策仅仅是一个退伍兵，每天都干着粗重的体力活，勉强能够养活自己。甚至有一次，普利策去应聘推销员的工作，却和几位朋友一起被骗到了一座孤岛上，险些丧命。
>
> 中介所骗走了他们的钱，然后便消失得无影无踪。普利策十分气愤，脱险后便撰写了一篇文章，专门揭露那些欺骗应聘者的中介机构。普利策没有想到，自己的文章竟然被《西方邮报》刊载了，他也因此发现了自己的长处，觉得自己十分适合从事新闻类工作。
>
> 不久之后，普利策去一家报社工作，从一名文件管理员到一名记者，开始努力发挥自己的优势，并且在新闻事业上平步青云，最终成为世界新闻界的泰斗人物。

1　普利策奖，也称普利策新闻奖，根据美国报业巨头约瑟夫·普利策的遗愿设立，包括十四项新闻类奖项和七项创作类奖项。

无论我们做什么事情，努力发挥优势所取得的成就，要远远大于弥补劣势所取得的成就。天才就是在擅长的领域创造奇迹的人。那么，我们应该如何发挥自己的优势呢?

首先，我们必须要有“自知之明”，知道自己的优势和劣势是什么。

很多人不知道如何给自己定位，更不知道自己的优势在哪里，总认为自己不够聪明、成绩不好、能力太弱，很多地方比不过别人。如果一个人不知道自己的优势在哪里，又如何寻找一个适合自己发展的平台，如何给自己制订准确的目标呢?

你只有找准自己的优势，找准自己的位置，才不会让目标偏离。不过，大多数人自我定位能力较弱，甚至缺乏“自知之明”，要么过高地定位自己，要么过低地定位自己。

在人工智能、5G[1]等未来科技大爆发的时代，许多年轻人在上大学之前就盲目地报考那些“热门”专业，根本没有思考自己是否真的适合。其实从入学到找工作，我们都应该有一个准确的认识，要知道自己适合做什么、能够做什么，在自己擅长的领域发展。

当然，一个人的价值是多方面的，除了自身的价值外，还包括他在社会与人生中的相关价值。因此，在给自己定位之前，最好能够对自己的总体价值有一个客观而全面的把握，比如你本身拥有怎样的才能、技术或者经验，它们可能创造出哪些价值，等等。

1　5G，第五代移动通信技术，英文为5th generation mobile networks，简称5G。其性能是数据速率高、延迟少、节省成本、低能源消耗、高系统容量等。

只有清楚地知道自己的价值点在哪里，才能准确地给自己定位。

其次，我们要学会描述自己的优势，知道优势的四大表现是什么。

你的优势到底是什么？当别人问你这个问题时，你会怎样回答呢？

很显然，“我最大的优势就是与人打交道”“我擅长将废弃的东西利用起来”“我的思维十分敏锐”这类的表达显得十分笼统，一点儿也不具体，你想了半天也不知道他的优势究竟是什么。其实，所谓优势都是通过自己的行动来定义的，也就是那些你不断在做，并且表现得近乎完美的事情。在描述自己的优势时，你一定要知道自己的天赋是什么，拥有哪方面的知识和技能，等等。这样的描述才是一个完整的描述，能够让别人清楚地知道你的优势。

如果你想更清楚明确地描述出自己的优势，可以从以下几个方面入手：

1．成功

很多人在描述自己的优势时，恐怕会以自己做得最成功的事情作为开场白，这也是最合理的。人们只要想到“优势”，最先想到的也是那些能够体现出自己能力的事，而一个人的成功最能够显示出他的能力。

2．直觉

有一种“情不自禁”的特质存在于你的优势里，你自己也不知道为什么，总会被这些事情所吸引。在做这些事情的时候，你可能处于紧张或恐惧的状态，但它们对你的吸引力并没有减少。这样的现象不容易解释，可随时都在发生。哪怕没有任何外力驱使，你也总是沉浸在快乐的氛围之中。

3．成长

你肯定有过这样的感觉：在做一件事情的时候，会觉得很容易、很轻松就能做好，似乎一点儿也不费力。也不知道什么原因，你做起这件事来就是如此得心应手。在做这件事情时，你的脑子总比平时转得快，各种好点子随时出现在你的大脑中，你什么都不用去想，就会自然而然地投入其中，甚至忘了时间的流逝。无论这些事情是阅读、写作，还是其他，你都能够从中发现不同的技巧，不断改进自身，获得成长。当然，这些事情也需要你付出努力，只是因为你乐在其中而显得不费吹灰之力就可以完成得很好。

4．需求

当你做完一些事情后，身体也许会很疲惫，甚至不能重整旗鼓再来一次，可你心理上十分满足，有一种无与伦比的成就感。这也是“优势”的一种表现，如果“直觉”是指你在做这件事情之前的感受，“成长”是指做这件事情的过程中的感受，那么“需求”就是做完这件事情之后的感受。有的事情可以满足你内心的需求，你做完之后会感到很满足、很有成就感，认为自己做的是一件最正确、最有意义的事情。

如果将以上的四大表现结合起来，便得到了“优势”最简单的定义：你的优势就是那些让你感到自己很强大的事情。而你的弱势就是那些让你感觉自己很弱小的事情。

最后，我们要懂得如何发挥自己的优势，在擅长的领域创造奇迹。

思想大师彼得·F. 德鲁克（Peter F. Drucker）曾经说过：“多数人知道自己的优势在哪里，不过他们经常会搞错，不知道如何正确地发挥自己的优势。”当你知道优势的四大表现之后，能够更加清楚地发现自己的优势是什么，接下来的问题就是如何让你的优势得到充分的发挥。

有的人之所以会成功，是因为他们清楚自己的优势是什么，不会盲目地做一些不符合自己优势的工作。他们懂得专注于自己的优势，并且努力将优势发挥到极致。

无论做什么事情都是如此，你只有专注才能将事情做好，才能走到最后。一味朝三暮四只会让我们将时间白白浪费掉，等最后明白的时候，已经晚了，对手已经越走越远，而我们还在原地想着该走哪个方向。当我们确定自己的优势是什么之后，就要倾尽全力，一门心思地钻进去，一旦我们专注于此，那么离成功就不远了。

这也是哈佛大学的泰勒·本－沙哈尔（Tal Ben-Shahar）博士提出的一个颇具开创性的观点——高效领导力的核心和精髓其实就是让每个人得以蓬勃发展。如何才能做到这一点呢？当然是让自己的优势发挥到极致。这个观点也和德鲁克先生“管理不是控制而是释放”的观点不谋而合。

天才的诞生，就是发挥自己的优势，在自己最擅长的领域创造奇迹。

哈佛的创新思维：给人生带来不同

哈佛大学第 24 任校长内森 · M. 普西（Nathan M. Pusey）在谈到开发学生创造力时说："一个人是否具有创造力，是一流人才和三流人才的分水岭。"哈佛大学特别注重对学生创新能力的培养，不仅开设创新思维课堂，就连课外活动也总是鼓励学生勇于开拓创新、突破思维的极限。

2019 年 3 月 1 日，第 22 届哈佛商学院全球商业创新大赛决赛在上海哈佛中心举行。这也是最能够代表哈佛创新精神的"课外比赛"。它由哈佛商学院主办，从 1997 年设立以来，已经成功举办了 21 届，是全球已知举办历史最悠久的创新大赛。虽然比赛将重点放在哈佛校友的创业上，但是其中所体现的创新精神是跨领域、跨国籍的。

这样的创新比赛也将哈佛大学的校风体现得淋漓尽致。哈佛的办校宗旨是崇尚自由竞争和个人奋斗，崇尚冒险和创业，强调个人的智慧、毅力以及创新能力。

现实的世界可能会有种种制约，但是我们的思想是没有束缚的。

有一位哲学家曾经说过："不是你存在于世界之中，而是世界存在于你的心中。"每一个人都是整个世界的反映，每个人心中都包含了宇宙的信息。透过一个人的内心世界，你甚至可以窥见全人类的思想和情感。因此，你的思想可以无限放大，创新也藏匿其中。

史蒂夫·乔布斯（Steve Jobs）在《用思想改变世界》一书中写道："活着，就是为了改变世界。"

人的思想会产生无法估量的力量，一个创新的想法，足够撼动整个世界。只要你有足够的信心，敢于突破思维的极限，一切不可能都会变成可能。因为在很多时候，并不是困难使你失去自信心，而是你失去了自信心才让事情变得困难。

一个人的想法是大脑的活动，它能够支配和引导人类的行动。虽然想法是看不到、摸不到的，却真真实实地存在着，并且影响着生活的方方面面。对有想法的人来说，世界上并不存在无法解决的难题，只要敢想、会想，任何难题都将迎刃而解。

乔布斯年轻时有一个新奇的想法：让那些没有计算机知识的人也能够轻松自如地"玩转"计算机。于是，他研发了苹果电脑及手机，让人们不再对计算机望而生畏。

他的想法不仅改变了人们对于计算机的认知，还让智能手机走入平常人的生活。这便是一个想法改变世界的最好案例。

苹果公司曾经贴出这样的招聘广告："这个世界有疯狂的人，你不能忽视他们。可能有人认为他们是疯子，但我们认为他们是天才。因为这些人够疯狂，他们认为自己可以改变世界。而且他们确实在这么做。"

不可否认，乔布斯创立的苹果公司能够取得今天的成功，就是由于公司里有一群思想独特的人。他们都有自己的想法，并且敢想敢做。

每个人的创新能力都是不一样的，如果一个人缺少创新能力，就会被一些陈旧且缺乏创意的思维定式所束缚，永远不可能拥有一个灵活、有创意的头脑，再怎么努力也是白费。

创新思维来源于何处？创造力是如何一步步形成的呢？

哈佛大学的华裔心理学教授高健曾出版过《企业家与创造力》一书，这本书按照人的思维习惯，将人分为了三类，包括左脑型、右脑型以及全脑型。

左脑主要是进行数学分析、逻辑思维以及掌握语言技巧；右脑则能将分散的信息综合起来，同时对灵感、直觉以及思维比较关注。所以左脑型者对于计划和组织工作十分擅长，右脑型者具有丰富的想象力，全脑型人才则是左脑和右脑相互配合的人。

创造属于全脑型中的一项活动，主要由五个阶段构成，分别是准备阶段、酝酿阶段、顿悟阶段、验证阶段以及应用阶段。人在进行创造时，左脑和右脑之间是密切配合的关系，彼此协作。左脑进行的工作内容比较多，这些准备工作都非常艰巨，包括课题的确定以及课题的性质，接下来左脑开始酝酿，课题中涉及的内容此时要一一消化，然后把所有的信息整合起来；当酝酿逐渐完善并成熟时，创造者脑中就会出现一个清晰的思路，而课题问题也会随之迎刃而解；之后进入到验证过程中，右脑顿悟后的所有设想都会得到左脑的分析；最后用实践来检验设想的可行性。这一过程也是解决实际问题的过程。

创新源于独立思考，如果人没有自己的想法，创新就无从谈起。

有时候并不是我们真的缺少创造力，也不是因为我们的头脑不够聪明，而是束缚太多，我们受到的牵绊太多。每个人都充满丰富的想象力和创造力，但是随着我们渐渐成长起来，外部环境以及一些固有的知识就会慢慢将我们包裹起来，它们告诉我们“无规矩不成方圆”，让我们遵循所有的条条框框办事，最后我们就走进了死胡同。

要做独立的自己，最先要保障自己的思想是独立的，我们可以通过许多方面来寻找丢失的创造力，并且不断提高自己的创造力，多思考，勤动手。在我们的身边存在着许多难题，如何运用我们自己所学的知识去解决问题？在思考中我们要暂时忘掉其他人提出的解决办法，运用我们自己的创造力，重新寻找一条路，此时思考和创新就变得十分重要，只要我们勤于思考，积极发挥自己的创造才能，就可以轻松解决诸多问题。当我们拥有了独立解决问题的能力，创造力也会得到进一步提高。我们要让想象力飞翔，让创造改变生活、改变世界。

在哈佛大学的教学中，教授不会让学生寻找唯一的答案，而是让学生懂得“问题的答案不是只有一个”。适应形势变化，寻找创造性的解决方法，才是教育的最终目的。在寻找更多解决方法的过程中，学生不仅养成了独立思考的习惯，还发挥了自己的创造性思维。

创新需要质疑的精神，如果没有了质疑，思考就会失去意义。

哈佛商学院教授、世界顶级管理思想大师拉凯什·库拉纳（Rakesh Khurana）曾经说过：“我希望你们敢于质疑陈规。作为教育者，我们也是这样做的：常提问，多寻依据，考虑多方观点。同时，我希望你们也做个理想主义者，具有质疑精神的理想主义者，但不是一味地愤世嫉俗。多提复杂的问题，并努力对此做出解答。”

西方国家从小就教育孩子要学会质疑一切，哪怕是所有人都认同的权威。在这样的教育方式下，孩子往往能够无所畏惧，敢于打破常规，而不会受到思维定式的影响。每次放学后，老师都会给学生留下一个问题，让学生独立去解答，而且，这些问题通常在书本上找不到答案。比如老师会问：“你们认为相对论是否存在一些局限性？”尽管相对论属于科学界的权威，但老师还是鼓励学生们用批判性的目光去了解和思考。

这样的教育机制会让学生明白：自己有权利对世界上所有的事物

抱有质疑的态度，哪怕是那些被人们当成权威而不可侵犯的事情。正如哈佛大学的霍曼博士（Dr. Houmann）所说："创造性思维有点儿像思维越狱，打破思维定式和常规套路，摆脱路径依赖，把思路从已经久用的方法上移开，需要创造性的重复，从历史和艺术中寻求灵感，而不是简单重复。"我们也应该培养这样的质疑精神，当我们开始产生怀疑时，大脑就已经开始进行创造性的思考了。

请教的智慧：打破砂锅问到底

哈佛大学之所以成为世界一流学府，除了拥有世界上最丰富的教育资源、最完善的教学设备和最顶尖的师资力量，还因为它所具备的人文精神。这一精神体现在方方面面，比如哈佛的核心课程，虽然其他名校也有类似的课程，但和哈佛相比都显得稍有不足。

什么是核心课程呢？就是学校专门给本科生提供一系列的基础课，学生可以从中选择几门作为自己的必修课。这些基础课让学生在真正进入知识的细枝末节之前，能够对自己置身的知识的海洋有一个全面的理解和掌握。这样一来，学生在开始研究“树木”之前，早已经将“森林”的地图印在自己的大脑中，之后的学习再深入也不会迷路了。

哈佛的核心课程有七个板块，分别为外国文化、文学和艺术、历史学、道德伦理、定量推理、社会分析和科学，每个板块又被细分为几十个小的门类。这对一个充满求知欲的学生来说，无疑是一场饕餮盛宴。

当选好自己的核心课程之后，学生就要踏上一场充满新奇、冒险和收获的求学之旅了。在这段旅途中，学生会接触到很多全新的知识，会产生很多疑问，这时候就要发挥“打破砂锅问到底”的精神，对于自己所学习的知识，一定要吃透，要彻底理解、掌握和吸收。

哈佛大学第26任校长尼尔·陆登庭（Neil Rudenstine）曾说：“如果没有好奇心和纯粹的求知欲作为动力，就不可能产生那些对人类和社会具有巨大价值的发明创造。”教育的本质并不是让知识变得深奥，也不是让学生的疑问完全得到解答，而是恢复人类天真的本性，激发学生产生更多的好奇心和求知欲。只有天真的人，才会产生无穷无尽的问题，关于自然，关于社会，关于人类本身……

美国维尔切克基金会在不久前正式公布了2020年度维尔切克创新奖获奖名单，著名女科学家庄小威获得了生物医学奖，轰动了整个学术界。庄小威曾在2014年与诺贝尔奖擦肩而过，这次获得维尔切克创新奖也算是对她的另一种肯定了。

庄小威出生于江苏省如皋市，25岁时拿下了加州大学伯克利分校的物理学博士学位；31岁时拿下“麦克阿瑟天才奖”，成为第一位获此荣誉的华人女科学家；34岁时在哈佛读博士后，又被美国的《科技评论》杂志誉为“与诺贝尔奖最接近的华人女性”；如今46岁的她，不仅成为美国国家科学院院士，还是哈佛大学化学与化学生物、物理学双聘教授……

很多人很好奇：到底是什么原因，让庄小威获得了如此多的成就呢？

从她的人生履历中，我们或许就能找到答案。庄小威从小就对学习充满兴趣，中学时她是班里年龄最小的学生，但每门功课都特别优秀，还获得过全国中学生数理化竞赛第一名。庄小威当年的中学老师评价她说：“她上课非常专心，学习特别刻苦用功，求知欲强，有打破砂锅问到底的劲头。”

正是因为这种强烈的求知欲，她对学习充满动力。

上课时，老师走到哪里，她的目光就跟到哪里，时刻聚精会神，一刻都不会落下。只要她对某个知识点产生了疑问，便会主动请教老师，直到把不懂的地方弄清楚为止。

对大多数人来说，物理是复杂难懂的，可庄小威偏偏喜欢物理，甚至把物理当成自己的好朋友。用庄小威自己的话来说："物理有着很强的逻辑性，真的觉得物理非常美，非常严谨，很合我的口味。任何东西都有它的逻辑推理，不要死记硬背，注重逻辑推理，一连串下来，理解了也就全部学会了。"

她将大量的时间和精力用在学习上，希望能够将所有物理定律都学得明明白白，不放过每一个细节。在中科大的那几年里，她的数学、物理考试几乎是满分，化学、计算机等课程成绩也十分优秀。她喜欢向同学、老师请教问题，而且没有得到答案，绝不罢休。她很喜欢这种"打破砂锅问到底"的探索，学习知识，不就是应该抱着这样的态度吗？

在哈佛工作期间，她每天从早上10点工作到半夜12点，周末也没有休息。平时除了吃饭，她几乎所有时间待在实验室里。在付出了巨大的努力之后，她也收获了无数成绩。但真正促使她获得成功的，还是请教的智慧：打破砂锅问到底，才能掌握知识的真谛！

你应该保持自己的好奇心，不要因为"好奇心害死猫"而停止追问。

小时候，我们认知有限，觉得世界上所有的事物都是新鲜的。在好奇心的驱使下，我们开始探索世界，开始发现越来越多的真相。然而，世界上的未知事物是无限多的，人的认知却十分有限，所以我们探索世界的进程永远不会终止，好奇心也永远不会消失。

在 2018 年的“向日葵国际教育高峰论坛”上，哈佛大学本科招生委员会前高级招生官莎莉·香槟（Sally Champagne）曾明确表示：“考试成绩只是招生官开始查看申请材料的起点，好奇心比好成绩更重要。”或许你还在因为莎士比亚时代的那句古老谚语“好奇心害死猫”而担心，而事实上好奇心只会害死猫，不会害死你。

从心理学的角度来看，好奇心是个体遇到新奇事物或处在新的外界条件下所产生的注意、操作、提问的心理倾向。人类对于好奇心已经有了足够的认识，几乎所有关于“创造”的活动以好奇心为基础，比如创造力、创造性思维、创造技法、创造者的个性品质等。

约翰·曼森·布朗（John Manson Brown）有一句名言：“感谢上帝没有让我的好奇心硬化，好奇心让我渴望知道大大小小的事情，这样的好奇心有如钟表的发条、发电机、喷射机的推进器，它给了我全新的生命。”好奇心会害死猫，但不会害死你。相反，好奇心还能够帮助你打开全新的世界大门，让你看到非同寻常的风景，并且帮助你获得强大的创造力。

学习永无止境，“自以为懂了”是学习中会遇到的最大的敌人。

你肯定也有过这样的经历：在看一本书或者一份文件时，以为自己懂了，就含糊地跳过很多重点，可是回头再看一遍时又会发现很多之前没有在意的重要问题。学习也是这样，很多人“自以为懂了”，其实并没有掌握知识的要点。如何才能检验自己是否真的懂了呢？

阿尔伯特·爱因斯坦（Albert Einstein）曾经说过：“如果不能用浅显的话来解释，就不能说你已经充分理解。”我们可以尝试一下，用最简单易懂的表达方式，向 5 岁的小孩解释你在做的事情，如果无法做到就说明你还没有充分理解。对于自己没有充分理解的事情，我们更不可能向别人解释清楚。

而且，还要注意一点，那就是一个人的知识架构决定了他对于世界的认知，也决定了他的思维方式。但各种知识的积累、发酵以及习惯性的思维方式，也有可能产生另一种效应，那就是“思维定式”。一个人拥有某些“思维定式”也是正常的，可知识面过于狭窄，或者缺乏深度，就会让“思维定式”随时光临我们的认知，影响我们的行为及决策。

探索知识的本质是为了寻找答案，所以你需要学会深度思考。

现代社会信息爆炸，每个人每天都忙着看手机、上网、浏览新闻资讯。人们以为自己收获颇丰，却从来没有进行过深度思考。很多人是这样迷失自己的：不知道自己在做什么，也从来没有思考过自己的现状，每天浑浑噩噩、按部就班，对任何事都不求甚解。

平庸者的共性就是对复杂的事物不求甚解，因为缺乏深度思考，所以从未靠近事物的本质。要知道，人的大脑既是活跃的，也是懒惰的。如果我们没有给大脑安排一些思考任务，它就会慢慢变得消沉下去，变得越来越迟钝，甚至不愿意做任何思考。

人的大脑一旦变得懒惰起来，整个人就会变得肤浅，学习和研究总是浅尝辄止、不求甚解，最终导致学习和研究毫无进展。这时，最好的解决方法就是学会深度思考，让大脑在不断思考的过程中慢慢靠近事物的本质，“知其然且知其所以然”。

所以，我们应该时常进行深度思考。用深度思考去解决问题，则会让自己的工作变得更有效率。当靠近问题的本质时，我们才能真正解决问题，并且获得更多的知识。

精准的判断力：助你快速找到突破口

有人问哈佛核心课程的设计者亨利·罗索夫斯（Henry Rosovsky）："何谓一个受过良好教育的人？"

亨利·罗索夫斯的回答是："能清晰而有效地思考和写作；在某些知识领域具有较高的成就；对宇宙、社会及人类自身有深邃的理解；勤于思考伦理道德问题，具有明智的判断力和抉择力；具有丰富的生活经验，对于世界各种文化及时代有深刻的认识。"

虽然亨利·罗索夫斯的"界定"中提到了各种各样的能力，但判断力无疑是其中最重要、最应该被重视的能力。无论在生活还是学习中，精准的判断力都能够帮我们快速找到出口，让我们正确地辨别事物的真假，做出最科学、合理的决策。

哈佛大学也十分重视培养学生的判断力，很多课程甚至专门为了提升学生的判断力而开设。

熊耿毕业于哈佛商学院，先后在AT&T（美国电话电报公司）、戴尔计算机中国公司等任高层领导。他在谈论美国几所比较出名的商学院时曾说："美国那几个著名的商学院都各有特点，比如宾夕法尼亚大学的沃顿商学院为金融界培养了众多的顶尖人才；麻省理工学院的斯隆管理学院以打造高科技企业的管理精英而著称；哈佛商学院的强项是培养CEO[1]，美国500强企业里级别最高的三人中有20%出自哈佛商学院。”

熊耿认为，哈佛商学院最与众不同之处就是在教学中采用了案例教学法。学生从进入学院的第一堂课一直到毕业前的两年多时间里，至少需要分析、讨论800多个案例。这些案例往往是在上课前几天就发给学生，正式上课的90分钟里，学生开始进行分析和讨论。在这个过程中，学生的判断力得到了前所未有的发挥。

哈佛商学院所采取的“末位被淘汰制”会让一小部分学生被淘汰，不过大多数学生能够适应这种竞争和压力，并且从中获益。熊耿曾说自己就是哈佛教育模式下的受益者，尤其是案例教学法，让他拥有了精准的判断力。

所谓判断力，就是一个人对于某个事物的真假、好坏、善恶的分析和抉择的能力。它也是人对现实做出什么样的态度，表现出什么样的行为方式的决定因素。比如我们在学习中需要判断力，对某个问题的答案进行分析和取舍，通过判断来选择最正确的答案。

人生中的“是非曲直、酸甜苦辣咸”，都是培养判断力的温床。

一个人的判断力是怎样形成的呢？这可能需要从婴儿时期说起，婴儿刚出生时的“判断力”大多出于本能，饿了就哭，渴了也哭，本能地判断这样的行为可以让自己得到满足。不过，这时候的判断力还

1　CEO，首席执行官。

缺少主观能动性。随着年龄的增长，孩子对于周围的事物越发好奇，什么都想尝试一下，什么都想探索一下，这时候判断力就会快速养成，因为孩子必须去判断各种事物的好坏、真假、是否有危险等等。人在成年后，判断力仍旧会不断提升，因为知识、阅历在不断增长，判断力也会随之得到提升。

著名思想家梁启超说："知育要教到人不惑，怎么样才能不惑呢？最要紧的是养成我们的判断力。想要养成判断力，第一步，最少须有相当的常识，进一步，对于自己要做的事须有专门智识，再进一步，还要有遇事能断的智慧。"

判断力不足会给我们的学习、工作、生活带来哪些影响呢？

判断力不足会导致我们无法正确辨别信息的真伪，在学习中遗漏或偏信某些知识信息，在生活和工作中分不清轻重缓急，甚至不分青红皂白。我们知道，在对某个事物进行判断之前，需要搜集信息，信息足够多了以后再通过以下几种方式做出判断：一是通过自己所学到的知识、经验做出判断；二是通过以往的经历做出判断；三是随着事物的变化，不断修正信息并做出判断。无论我们以哪种方式进行判断，都离不开三大要素，那就是大脑、知识和信息。

判断力不足大多是因为我们的知识结构不完善，抑或信息不足。

哈佛大学终身教授塞德希尔·穆来纳森（Sendhil Mullainathan）和普林斯顿大学的埃尔德·沙菲尔（Eldar Shafir），合作完成了一项对资源稀缺状况下人的思维方式的研究，其结论是："穷人和过于忙碌的人有一个共同思维特质，即注意力被稀缺资源过分占据，引起认知和判断力的全面下降。"

穆来纳森是著名的行为经济学家，他在 29 岁时获得了"麦克阿瑟天才奖"50 万美元奖金，其著作也被《金融时报》

极力推崇。穆来纳森在做国际扶贫研究时发现，自己和穷人的心理焦虑程度居然十分类似：穷人们最缺少的就是金钱，而他最缺少的就是时间，两者的共同点就是，给穷人金钱，或者给他时间，可能他们都无法很好地利用。

如果一个人长期匮乏一些东西，比如金钱、时间等，那么他就会为了追逐这些稀缺的资源而让自己的注意力被垄断，从而忽视很多更有价值的因素，最终造成心理上的焦虑以及资源管理困难。简单来说，当你被贫穷一直困扰时，你的判断力和智力都会下降。

穆来纳森将这一现象称为“资源稀缺”。比如一个人的知识结构不完善，那么他在面对浩瀚的知识海洋时，就会无所适从，失去判断力。再比如我们每天都面对着信息爆炸，很多人被各种海量信息轰炸得无法判断问题，甚至有人通过“戒网”来摆脱信息过载，可事实上，正是因为“有效信息”的匮乏，信息过载的情况才会出现。

在面对浩瀚无边的知识和信息爆炸时，我们应该如何提升自己的判断力呢?

1. 对于任何事物都不要过分确信

《思考，快与慢》的作者丹尼尔·卡尼曼（Daniel Kahneman）曾说：“如果我有魔法，最想消除的偏见就是过度自信。”我们在判断一个自己不确定的事物时，总会经过多次分析、验证，做出不同的应对方案，而在过度自信时，却会失去这种谨慎。过度自信的人在做决策时，往往倾向于自我信念，而较少考虑到实际情况。

2. 从概率的角度进行思考，有效提升判断力

众多心理学文献都指出，哪怕是最简单、最基础的概率训练，也

能够提高人的判断力，并且让我们能够有效避开认知偏差，将不确定的部分量化体现。

3. 懂得利用事件的“先验概率”进行判断

“先验概率”就是根据以往的经验或分析所得到的概率，在我们需要做出选择或判断时，从“过来人”的经历或者相似的案例中了解到不同结果出现的概率是多少。值得注意的是，“先验概率”所涉及的人或案例，必须与实际情况相吻合。

总之，有效提高自己的判断力，能够帮助我们更好地做出分析和选择，让我们在学习、工作和生活中更能找到问题的突破口，并且最终做出最正确、最科学的判断。

第五章

高度专注的哈佛人：把每一件事都做到极致

被忽略的专注力：在不断突破中实现自我

哈佛大学心理学教授埃伦·J. 兰格（Ellen J. Langer）写过一本名叫《专注力》的书。她在书里说："专注力是能与岁月对抗的力量，能让人获得新知，找到差异，从而做出更有利于自己的选择。"

埃伦·J. 兰格教授对于专注力的解读可谓独树一帜，与其他很多书籍中提到的专注力不太一样。她认为专注力对每个人来说都极其重要，然而它在现实生活中却往往被忽视。很多年轻人可能都有过这样的经历：明明自己智商和情商都很高，学习能力也很强，但是每天忙忙碌碌，埋头于灯下"苦心"学习，最后仍旧一事无成——每天被老师批评、被家长说教，试卷上的得分惨不忍睹，额头上还被贴上"差生"的标签……

他们人生如此"惨淡"，却只能埋怨自己无法充分释放学习潜能，无法专注于学习，无法获得理想的学习成绩。其实，他们清楚自己有能力实现怎样的学习目标，却始终没有实现过。到底是什么原因导致他们的努力白费呢？答案是：专注力不够！

在信息大爆炸时代，人们的专注力正在悄悄流失，而青少年群体成为专注力流失的"重灾区"。那些缺乏专注力的青少年，有的不具备成长型思维，有的不懂得如何掌控自己的情绪，有的不知道合理安排宝贵的时间，还有的让自己的精力分散于各处……在生活与学习中，他们还要面对各种“干扰”，很难专注于同一件事情，比如他们在看书的时候，总是忍不住偷偷看手机；在写作业的时候，总是分神于其他事情，看一会儿动画片，玩一局小游戏；在思考的时候，也无法专心，甚至连窗外的麻雀叫声都可以将他们的注意力带走。

很多人品尝到了缺乏专注力的苦果，但专注力问题仍旧被人们所忽略。

哈佛“情商之父”丹尼尔·戈尔曼（Daniel Goleman）说：“专注，它是驱使人们更加优秀的内在动力。”

一个人能否成长为顶尖的优秀人才，背后的因素有很多，包括主观的与客观的，但专注是突破自我、走向成功必备的心态。没有谁能在有限的时间里做无限的事情，也没有谁能在每个方面都取得卓越的成就。哪怕你智力超群、情商极高，也无法成为一个面面俱到的“全才”。现实的情况更令人焦虑，许多不乏聪明才智的年轻人，总是在做一件事情的时候想着另外一件事情，在完成一个任务的时候却将精力分散于其他琐碎小事。他们脑海中有太多想法、兴趣和欲望，却唯独没有专注的精神，甚至忽略了专注力的重要性。

> 哈佛商学院工商管理系的 W. C. 科比（W. C. Kriby）教授在自己的著作《学习力》中写道：“普通学生和优秀学生的差距，可能仅仅在于专注力。”学习并没有什么捷径可走，只是有的人将时间和精力用在同一个问题上，始终保持着专注的精神；有的人却将专注力分散，即使坐在教室里自学，注意力也不在书本之上。
>
> 科比教授还在《学习力》中记录了一次抽样调查：他随机选取了 50 名学生，询问他们在上课时的专注程度如何。结果，有五分之一的学生回答说，自己经常会在上课时望向

窗外，如果自己能够集中注意力学习，学习成绩肯定会提高很多；有五分之二的学生回答说，自己会不由自主地走神，无法专心听讲；剩下五分之二的学生回答说，自己能够在上课时保持一定时间的专注，并且最后学有所获。还有一位学生告诉科比教授，自己坐在前排的时候，注意力便能够集中，而当自己坐在靠后的位置时，便无法集中注意力，看幻灯片就像看娱乐电影一样。

这些缺乏专注力的“差生”是真正的差生吗？当然不是，只是因为他们缺乏专注力，所以学习之路变得步履维艰，甚至让自己从优秀走向平凡，最终毫无作为。

只有重视并提高自己的专注力，才能在不断突破中实现自我进步，获得终身成长。

哈佛大学第 22 任校长阿伯特·劳伦斯·洛厄尔（Abbott Lawrence Lowell）说过：“想让一个人的大脑发挥最佳的状态，那么就让它不间断地处理一件事情，这样专注地去做、去想，最后一定会取得更好的成果。”

人的大脑在连续处理同一件事情时，才能够发挥最大的功效，只有保持长久的专注力，才能取得最佳的效果。哈佛学子真的会啃书到凌晨四点半吗？有，不过很少。作为顶尖学霸的聚集地，哈佛的学习氛围自然很浓厚，哈佛学子都曾拥有傲人的学习成绩，都勤奋好学，对未来充满期望。不过，由于专注的程度不同，顶尖学霸们有了优秀和平凡的差别。

哈佛历史上最年轻的华人终身教授尹希，在接受美国《世界日报》采访时说：“现在的家长过多地强调后天努力，可人能用在努力上的时间毕竟有限，所以我认为最重要的就是做事专注和选择感兴趣的方向。我从小就对科学感兴趣，便沿着这个方向努力学习，直到兴趣变成我的事业。”在求学之路上，尹希总是“先人一步”，他 12 岁参加高考，13 岁进入中国科学技术大学少年班学习，17 岁来到美国哈佛大学攻读博士学位……他专注于学习，朝着自己感兴趣的方向快步前进，直到成为哈佛终身教授。

现在，尹希一学期也只教一门博士生课，剩余的时间都用在自己的科研工作上。他很珍惜哈佛大学提供的与世界顶尖物理学家交流的机会，这一体制可以让他更加专注于自己的科研事业。他打算用几年甚至数十年的时间，专心投入自己的科研工作，希望能有所突破。

在尹希身上，专注力焕发出耀眼的光芒。无论是求学之路上，还是现在正在进行的科研事业中，他都完美地诠释了专注的力量。

专注就是聚焦，而专注力的差别将决定学习质量的好坏。

这个世界并没有真正的“差生”，只有专注于学习和缺乏专注力的学生。即使在人才济济的哈佛大学，学生之间也会因为学习的专注程度不同而产生差距，即普通学生与优秀学生的差距。

如果用凸透镜在太阳下对准一张白纸，只需要很短时间，白纸就会燃烧起来。这是人人都知道的凸透镜对光的会聚作用。在现实生活中，我们想要做好一件事情，同样需要持续性的专注力。学习是如此，工作也是如此。专注就是会聚光线的凸透镜，是学习中最具凝聚力和整合力的品质，也是提高学习成绩和工作效率的最好方法。

在哈佛，每位学子都对知识充满了渴望，不过学习的道路无比漫长，有时更像一场艰苦的赛跑，最终能够到达目的地的人，其实并没有更多有利的条件，因为大家都很优秀，只是有的人多了一份专注，多了一份执着，所以才能在学习之路上狂奔，最终攀上理想的巅峰。

可见，一直被人们忽略的专注力，才是帮助我们走向人生巅峰的最有效装备！

排除外界干扰，专注地学与专注地玩

哈佛大学图书馆里有一句名言：“你要像狗一样地学习，像绅士一样地玩。”

这句话听起来十分通俗，所揭示的道理却十分深刻：无论是学习还是玩耍，我们都应该充分利用好每一分、每一秒的时间，全力以赴，集中注意力，这样才能快速高效地完成学习任务，以及全身心地放松休息。在学习状态中，我们要心无旁骛，专注于学习；当学习任务完成之后，我们要放下疲惫的身心，专注于休息。哈佛学子能够在这两种状态中自由转换，让自己获得快速高效的学习力，同时又能让自己放松身心，始终处于轻松愉悦之中。

不过，无论是学习还是玩耍，我们都很难做到不被干扰，因为外界的诱惑太多，更因为我们的欲望太多。所有人都难以避免被环境或个人杂念所干扰。因此，我们要科学地调节干扰因素，在一段时间里专注地处理好一件事，才能有条不紊地专心学习。

有一档名为《世界著名大学》的系列专题节目，第一期的“主角”便是百年名校哈佛大学。为了更好地还原哈佛大学的真实风貌和浓厚的学习氛围，制片人谢娟和摄制组成员亲自前往哈佛大学进行了实地采访。

谢娟在哈佛大学发现两个震撼人心的画面：一是哈佛校园里随处可见睡觉的人，甚至在食堂的长椅上也有人在呼呼大睡，而旁边就餐的学生并不感到奇怪，因为他们知道那些倒头就睡的人是学习太累了；二是许多学生一边啃着面包，一边还在忘我地看书。

这种浓厚的学习氛围让谢娟深受感染，她采访了几位优秀的哈佛学子才知道，在哈佛大学，学生学习几乎是不分白天和黑夜的。不过，他们也乐在其中，因为有远大的梦想。

一位在哈佛留学的北大女孩告诉谢娟："哈佛的本科生，每学期至少要选修4门课，一年是8门课，4年之内修满32门课并通过考试才可以毕业。一般而言，学校都要求本科生在入校后的头两年内完成核心课程的学习，第三年开始进入主修专业课程的学习……而且，哈佛要求的作业量很大，学生在课后还需要花很多时间看书、预习案例……"

虽然哈佛大学学业压力很大，但并不提倡学生将所有的时间都用来学习，而应该"像狗一样学，像绅士一样玩"，让学生在学习状态和休息状态中自由转换。

谢娟和摄制组成员用镜头记录哈佛学子的课余生活，他们积极参与学校组织的艺术活动，例如音乐会、戏剧表演、舞蹈演出以及其他艺术展览等。不仅如此，哈佛每年都会举办艺术节，这极大地丰富了学生们的课外生活。学生在这些充满艺术气息的活动中得到了艺术的熏陶和教育，同时他们的审美能力和艺术修养也得到了进一步提高。

这也是哈佛大学的教育理念之一，让学生在日后的学习与工作中学会劳逸结合。当我们完成一项紧张的学习任务之后，要学会转换自己的注意力，从学习的状态中抽离出来，全身心地投入到玩耍中，让身心都处于放松的状态。在尽情地休息一段时间后，精力和体力都得到了恢复，此时再转换到学习状态中，我们自然会获得全新的动力，更加专注于学习。

当被外部环境干扰时，我们要学会主动排除，让自己尽可能地保持专注。

不可否认，外界环境对于我们的影响巨大。现代人的生活环境中充满了各种干扰，比如随时可能响起的手机铃声、五花八门的电视娱乐节目等，甚至窗外嘈杂的车流声，都会影响和干扰我们的学习以及休息。我们如何才能主动排除这些外界干扰呢？

美国畅销书作家菲尔图（Felton）在《意志力是训练出来的》一书中写道："用来对抗外界干扰最有效的训练方法，就是让自己置身于强烈的干扰下，长期锻炼，就能做到不受干扰。比如你是一名大学生，你的注意力总是不能集中，那么你可以这样训练自己：在环境最嘈杂的地方进行学习。我相信起初你会感到十分困难，但是当你坚持数日之后，你的注意力水平就会逐渐增强，不会轻易受外界的影响了，你会发现，自己坐在哪里都能学习得很好。"

菲尔图还指出，那些从黑人居住区走出来的孩子，虽然他们的生活环境嘈杂、恶劣，家庭成员众多，但是他们往往比那些生活条件优越的白人小孩更加出色，为什么呢？一是因为他们更加珍惜学习的机会，二是因为嘈杂、恶劣的环境将他们的意志力锻炼得更加出色。

我们都知道给土地除去杂草的最好方法就是种上庄稼。同样的道理，一旦我们专注于眼前的正事，外部环境的干扰就会变成土地里的"杂草"，形同虚设。比如我们在阅读小说的时候，就跟着作者的思路走；在听课的时候，就跟着老师的思路走；在运动的时候，心里就只想着每个动作的要领；在思考某个问题时，就想尽一切办法来解决问题……

保持专注力最好的方法就是“一旦走起来，就别随便停下”。

我们想要在学习中排除干扰、保持专注的状态，还有一个好办法，就是从一而终，一旦走起来，就别随便停下。当你采取行动，走在路上时，就会发现自己越来越专注了。

如果我们选择了一项任务，并且开始采取行动了，接下来需要做的便是排除外部干扰，全身心地投入到任务上去，更为重要的是坚持，直到任务完成为止。

在行动的过程中，我们可能会遇到困难、障碍、瓶颈，这时候千万不要放弃，而应该继续坚持，从一而终。困难能够解决，障碍能够跨越，瓶颈也能突破，而且坚持还有可能带来意外的收获。生活中不是经常发生这样的事情吗？当我们坚持去做一件事情的时候，注意力会越来越集中，很多问题迎刃而解，而且这些问题远比你想象中的要简单得多。

美国畅销书作家马尔科姆·格拉德威尔（Malcolm Gladwell）曾经说过：“人们眼中的天才之所以卓越非凡，并非天资超人一等，而是付出了持续不断的努力。1 万小时的锤炼是任何人从平凡变成世界级大师的必要条件。”这便是著名的“1 万小时理论”：不管我们做什么事情，只要坚持 1 万小时，基本上可以成为该领域的专家。

除了远大的人生目标和遥远的梦想，恐怕没有什么任务需要我们坚持 1 万个小时了吧。

自律的生活准则，成就王者风范

哈佛大学作为全球顶级的学府，一直强调培养学生的自律性，因为在复杂多变的社会环境中，只有懂得自律的人才能脱颖而出，成就王者风范。如果缺乏自律，不知道在什么时候应该做什么事情，也没有主动学习的热情，你又如何能够避免被淘汰的命运呢？

哈佛商学院教授克莱顿·克里斯坦森（Clayton Christensen）曾写过一本畅销书《你要如何衡量你的人生》，书中提出了一个很重要的人生问题：从自律到幸福的唯一捷径是什么？

克莱顿·克里斯坦森曾五次荣获“麦肯锡最佳论文奖”，还被《哈佛商业评论》排在“当代50名最具影响力的商业思想家”的第一名，与此同时，他还是一位畅销书作家。

2010年，身患癌症的他在哈佛毕业典礼上做了一次精彩的演讲，《你要如何衡量你的人生》就是以此为基础进行写作的。克莱顿·克里斯坦森希望在自己直面死亡的过程中，能够将MBA（工商管理学硕士）课程理论运用到人生规划及生活中。

在书中，他把一个人成功的基础放在自律上，从自律到幸福生活则需要三个步骤：争取事业成功，家人、朋友关系和谐，以及坚持正直。

《你要如何衡量你的人生》最与众不同的地方，就是教会我们如何进行思考，而不是告诉我们答案是什么。一个人应该拥有怎样自律的生活准则？如何将自律转化为幸福？这些问题都需要自己去寻找答案，用克莱顿·克里斯坦森的话来说就是：“生活的基本问题并不存在所谓的特效药和快速方法。”从自律到幸福的唯一途径究竟是什么？我们还需要自己去思考……

生存的第一大难题就是克服自我障碍，并且养成自律的好习惯。如果你连自身的障碍都克服不了，又如何去战胜其他障碍呢？当你养成了自律的习惯之后，自然拥有了发展的动力及能力，这也是把梦想变为现实的首要条件。其实，我们身边有很多人不敢去追求自己的梦想，不是真的没有能力去追求，仅仅是缺乏自律性而已。

自律的基础是内心的期望，你所期望的是什么，最后就能得到什么。

一个人的自律性是如何建立起来的？是内心的期望，是一直想做的事情、一直想实现的梦想……它们会给你提供自律的动力。事实上，在很多时候，你所期望的是什么，最后就能得到什么，这便是心理学上著名的皮格马利翁效应或者罗森塔尔效应。

在古希腊的美丽传说中，有一位叫作皮格马利翁（Pygmalion）的雕刻家，他用象牙雕刻出一位清新典雅的美女，并且深深地爱上了她。皮格马利翁每天对着自己雕刻的美女发呆，并且乞求天神能够将她变成活生生的真人。他对美女雕像的爱最终感动了爱神阿佛洛狄忒（Aphrodite），爱神将美女雕像变成了真人，然后美女和皮格马利翁幸福地生活在了一起。

这个美丽的传说不一定是真实的，不过它告诉我们一个道理，那就是“期待什么就会得到什么”，这也是心理“高度”所创造的奇迹。只要一个人能够充满自信地期待着，那么真正相信的事情就会顺利进行；相反，如果你认为自己期待的事总会受到阻碍，那么这些阻力就真的会产生。这个理论是由哈佛大学的心理学家亚伯拉罕·迈克尔·罗森塔尔（Abraham Michael Rosenthal）提出的，他说：“皮格马利翁效应还被称为期望效应，它也是常识教育的基础理论，只是它的价值没有得到足够认可罢了。”

自律就是有效地控制自我，把不可能的事情变成可能。

心理学家艾伦·J. 朗格（Ellen J. Langer）是第一位在哈佛大学心理学系获得教授席位的女性。她在研究心理学方面和传统心理学有一点不同：传统心理学将研究重点放在“是什么”上面，而她将重点放在“可能是什么”上面。因为这一点儿区别，她又将自己的研究称为“可能性心理学”，她所描述的并不是普遍的真相，而是寻找个别的可能性。因为在朗格教授看来，世界上并没有不可能的事情，只要你能够有效地控制自我，便能够将不可能变成可能。

朗格教授在“可能性心理学”中提出的第一个假设是：我们不知道自己能做什么，或者能变成什么，所以一切皆有可能。可是，人是习惯的动物，我们的内心思维及观念很容易被既定的世界观、惯例、偏见或者刻板印象所麻痹，所以我们的行为大多是先入为主、不假思索或想当然的结果。由于缺少突破性思维，所以我们很少去想事物还有其他的可能性。

事实上，每个人心里都会有一个问题系统，而人们总是感到矛盾，既向往美好的事物，又在寻找美好事物中的缺点；既渴望完美，又不断制造缺憾。人们总是用问题的眼光看待世界，总是把问题想得复杂，以为只要把问题解决了，世界就会变得美好起来，可事实并非如此。所以，你必须重视以什么样的方式来看待自己，要留心自己拥有的，尽量往好的方面看，如此一想你就会发现，自己并没有那样不幸，自己比想象中更优秀。同样，很多不可能的事情，也出现了转机，变得有可能，甚至可以实现。这时，自律也就慢慢地形成了。

我们可以自律，但是不能自我，不能任何事情只做主观判断。

人们在做主观评判时，往往会陷入一个误区：错误地认为一种笼统的、广泛性的人格描述准确地揭示了自己的特点。当人们用一些普通、含糊不清、广泛的形容词来描述一个人的时候，人们往往很容易就接受这些描述，并且认为描述中所说的就是自己。

这便是著名的“巴纳姆效应”。它的产生和人的“主观验证”作用有关，只要一个人做出了主观评判，他便能为自己的观点找到各种各样的证据，哪怕是一些毫不相干的事物，也能够被联系到一起，直到它们完全符合“自我”的设想。

然而，主观评判往往缺少客观事实的支撑，因此会出现许多漏洞。比如有的人总是高估自己的能力，主观上认为自己一定能行，现实中自己却没有那样的能力。

美国康奈尔大学的心理学博士大卫·邓宁（David Dunning）曾在《人格与社会心理学杂志》上撰文指出：“人们对自己的天赋和能力具有根深蒂固的看法，这些看法对自我评价的影响甚至可能超过真实表现本身，使人们对自己做出不切实际的判断。”

可见，主观评判不一定可靠，有时甚至会让人曲解事实，出现“唯心主义”。

很多过度自律的人往往会被“已知”的知识和经验所影响，特别是那些“理所当然”和“毋庸置疑”的东西。我们可以将其称为思维定式，它们会让我们的主观评判出现偏见——对自己的偏见以及对他人的偏见。因此，我们可以让自己保持自律，但是不能自我。只有顺应现实、符合真理的自律，才能成就王者风范，使我们在竞争中脱颖而出。

哈佛人生教条：想要成才，必先成人

在哈佛，“成人”是教育的基础，“成才”是教育的目的。

哈佛的教育理念是以人文教育为本来对下一代进行培养，让他们成为真正的人才。所以，人文教育是哈佛的传统，也是哈佛的核心教育理念。每一位新生进入哈佛都会接受一堂道德教育课，这也是百年哈佛特有的传统。在开学典礼上，哈佛校长还会亲自欢迎应届毕业生加入“有教养的人”行列中去。可见，哈佛大学十分看重学生的品格培养。

哈佛告诉学生的人生教条是：想要成才，必先成人。

教育的目的不仅仅是发展学生的智力，把知识灌输给学生，还是培养学生的品德，并且教会他们主动学习。尤其是在早期教育中，就像智力培养需要从孩子很小的时候抓起，优秀的品德教育也应该从小开始熏陶，正如泰德·普林斯（Ted Prince）博士所说：“孩子的道德教育应从摇篮时期开始，因为当今社会所缺乏的不是头脑而是品德。”

哈佛教授亨利·雷林（Henry Reling）在课堂上给学生分享了这样一个故事：

亨利·雷林教授十分看重的一位学生获得了贝克学者奖。这是一件值得开心的事情，因为贝克奖分量不轻，能够获奖便能在自己的履历表上加上永久性的一笔，并且得到学术界的一致认可。然而，这位获奖的学生认真地看了看自己的成绩，发现教务处算错了。

面对这样的情况，如果是你，你会做出怎样的选择呢？

这位学生的做法是，马上拨通了教务处的电话，告诉教务处他们把成绩算错了，他不应该获奖。这样的“自首”行为让他失去了一举成名的机会，也失去了轰轰烈烈和万众瞩目的生活。当那些获奖的人与父母、院长共进晚餐的时候，他刚参加完一个面试，独自走在冷清的街头。事情就这样搁置下来了，他一如往常，吃饭、学习、彻夜研究……

直到毕业典礼那一天，学院院长才把这位学生的经历告诉所有的毕业生和来客。院长讲完后，所有的学生和来客都站了起来，同时热烈地鼓起了掌。

这位学生显示出强大的人格魅力，做出了最正确的选择，他身上有一种超越平庸、明辨是非的气质，也让我们看到了他是一位值得信任与尊敬的人。

亨利·雷林教授微笑着问学生：“如果是你们，会做出同样的选择吗？如果那位品格高尚的学生去你们的公司求职，你们会录用他吗？如果他是你的同学或同事，你会感觉怎么样？如果让他来负责管理你的投资账户，你会放心吗？”

如果信任与尊重是一笔丰厚的资产，那么品格高尚的人一定是亿万富翁。

最后，亨利·雷林教授说：“希望你们可以获得伟大的成功，用最正确的方式，凭借自己的品格而获得成功，因为一个道德高尚的人比一个学识渊博的人更值得尊敬与信赖！”

在哈佛，教育主要分为两个部分，大学部和研究生部，这一点跟我国基本上一样。其中，哈佛大学部的教育重在“成人”，也就是通过大学阶段的教育让学生掌握做人的原则与修养。

如果在“成才”之前，没有学会“做人”，他又如何立足于社会呢？如果一个人完全不了解“人”的含义，那么他在社会之中，顶多只是充当工具的角色，而不可能自觉地担当起社会责任。这也是现代教育越来越重视品格教育的根本原因。哈佛大学教育心理学者霍华德·加德纳（Howard Gardner）就曾明确指出：“多元智慧固然重要，但品德教育优先于多元智慧的学习。”

每个人都必须遵守规则，否则就要为自己的行为承担后果。

你可能并不知道，哈佛大学曾经发生过一次重大的火灾。著名的哈佛楼在那次火灾中“丧生”，成为每一位哈佛人心中的痛点。

哈佛楼是一座图书馆，里边的书都是哈佛先生去世之后为学校捐赠的，为了纪念哈佛先生，学校特别建立了这座哈佛楼。但是，一场大火就把这一切给摧毁了。

火灾发生后，慌乱的人群中有一名叫作约翰（John）的学生开始左右为难，为什么呢？原来，约翰是一位典型的书虫，平素常常泡在图书馆里。书本上丰富的知识深深地吸引住了约翰，但有一件事让他无可奈何，那就是图书馆明文规定，学生只能在馆内阅读，不可以把书带出去，不然就会被开除。就在发生火灾的那天下午5点，图书馆到了关门的时间，但约翰深深地被一本书吸引了，他很想立马读完。于是，他把这本书偷带了出来。然而，他没想到的是，当晚图书馆竟然遭遇火灾，馆中所有的书都化为灰烬，就剩他手中这一本了。

“我该把书交出来吗？”约翰左右为难。经过反复考虑之后，约翰来到校长办公室，羞愧地说：“先生，很抱歉，我私自把图书馆中的一本书给带出来了，请您收回吧！”

校长听了约翰的话，感觉十分惊喜，激动地接过书说道：“谢谢你为哈佛保存好了这份宝贵的财产，你先出去吧！”

哈佛的其他领导听说了这件事情之后，都非常高兴，还有领导提议表扬约翰。然而，两天之后，学校张贴出了一份匪夷所思的告示，上面写着：“约翰同学因无视校规，被勒令退学”。

这一消息对约翰来说如同五雷轰顶。哈佛的很多师生也觉得这一处罚太严厉了，纷纷劝说校长再给约翰一次机会。

校长表情凝重地说道：“约翰诚实地归还了书，我很感谢他，也很赞赏他的态度，但同时，因为他违反了校规，我不得不开除他，我需要对哈佛的制度负责。”

校长的话掷地有声，众人都心服口服。

校长借约翰这一事件给全校师生上了一堂课：在任何时候，都要遵守制度，要能管住自己；反之，如果做不到，你就必须得承担一定的后果。这也是我们在生活中必须要遵循的基本原则。哈佛的老师都认为：只有对“人”充分理解，然后再经过专门训练的“人才”，才是社会的精英，才能从各个方面为社会服务，促进社会发展。

这也是几百年来哈佛对人才培养的最基本的一项原则，如今已成为美国大学教育的优良传统。哈佛的一代又一代精英人物，就是这样被培养出来的。

中国有一句话叫“不以规矩，不能成方圆”。无论我们是否愿意接受，这个世界都是充满“规则”的，而且有些规则必须遵守，它们是维持社会秩序的基础。国有国法，家有家规，公司有规章制度，这些都是我们应该遵守的。

而且，每个人都会在成长过程中建立起相应的“规则意识”，它也是一个人的行为规范，是为自己树立行动准绳的意识，比如遵守法律、遵守社会公德、遵守交通规则等等。

如果人人都不遵守规则，生活将变得一片混乱。不遵守交通规则，事故将更加频发；不遵守学校规则，学生和老师将变成一盘散沙；不遵守公司规则，公司也无法正常运营……如果你触犯的是国家法律法规或者人伦道德，那么更难立足于社会了。

哈佛大学之所以培养出了这么多的精英人物，是因为他们在校园内一直被灌输着遵守制度的思想，这也成为他们“成人”的基本要求。在往后的工作中，他们能很好地控制自己，不做制度不允许的事，不打擦边球，不自由散漫。

忍常人所不能忍，自我控制释放的力量

只要谈到“忍耐”以及“自我控制”，大家最先想到的肯定是哈佛大学最著名的“糖果实验”：哈佛大学的研究者找来数十位孩子，告诉他们可以马上吃掉桌子上的糖果，也可以等15分钟后再吃，若选择后者便可以多得到一块糖，以此来测试孩子们的忍耐力。

之后长达数十年的跟踪调查表明，那些忍耐力较强、懂得自我控制的孩子，工作生活多十分顺利，基本处于社会精英阶层，收入及社会地位也较高。

“糖果实验”告诉我们一个很简单的道理，那就是忍常人所不能忍，方能成就大事业。

有一年哈佛大学的毕业典礼上，学校请来了《哈利·波特》的作者J. K·罗琳前来演讲，一时间引起了不小的轰动。

罗琳对所有的哈佛学子说：“你们都还很年轻，还没有真正地踏入社会，也没经历过什么失败，甚至在你们眼中的失败，在普通人看来已经算是成功了。但我想告诉你们的是，失败会有一些意想不到的好处，只要你能够在失败中站起来，就还有反攻的机会。”

罗琳告诉哈佛学子，她的父母从来没有上过学，家庭也

很贫困，年轻的时候她只想找一份稳定的工作，能够慢慢还掉房子的贷款，将来老了能够领到退休金就行了。但是她在上大学的时候，完全没有了学习的动力，每天喜欢做的事情就是坐在学校的图书馆里写故事。

大学毕业后的七年里，罗琳经历了一次又一次的失败。她不仅结束了自己短暂的婚姻，还失业在家，变成了一个穷困潦倒的女人。不过，这些失败并没有将她打倒。

在失败中，罗琳又站了起来，重新做回了自己，开始将自己的所有精力都用在小说创作中。如果之前她做什么事情都没有失败，那么恐怕永远无法安心进行写作了。

罗琳告诉台下的哈佛学子："你们肯定没有经历我之前那样的失败，如果你们不幸失败了，请记得像我一样重新站起来，只要信念还是坚韧的，就有机会将失败变为成功。"

古罗马诗人奥维德（Ovid）说过："忍耐和坚持虽是痛苦的事情，但却能渐渐地为你带来好处。"

很多伟大的人在成功之前，也曾经历过漫长而痛苦的黑夜，几乎所有人无法逃脱失败的困扰。在这种情况下，你要做的就是再坚持一下。只要你能够坚持自己的信念，终究会将黑夜变成白昼。因为现在的忍耐只是一种为了达到某些志向而采取的智慧手段，也是一种为了达成远大抱负而选择的暂时退却，等到时机成熟，你积攒够了足够的力量，自然能迎风飞翔。

自我控制就是忠诚于自己，有自己的想法，而不是被他人所左右。

在多数情况下，人们的决定忠于现实，而非忠于自己。

所以有的人在做出某个决定后，会感到后悔不已，好像那并不是自己想去做的事情。在与竞争者进行博弈时，无论你要做出怎样的决定，都要学会听从自己内心的选择，你想怎么样，就做怎样的决定，而不是被别人的想法左右。

假如你在内心产生了自己的想法，这时你身边的所有朋友都站出来告诉你，他们并不赞同你的想法，甚至与你的想法截然不同，你是选择坚持自己的想法，还是被朋友的想法所动摇呢？事实上，面对这种情况绝大多数人会动摇，这种现象被称为“韦奇定律”，它的提出者是美国洛杉矶加州大学经济学家伊渥·韦奇（Ewald Wedge）。

韦奇定律明确地告诉我们：一个人能够拥有主见是一件极其重要的事情，我们必须确定自己的主见是正确的，而不是固执的；没有听到他人的意见时不要有成见，听过他人的意见后不要没主见。当你有了自己的想法后，就不要让他人的想法影响到你的信念。你有了目标就要忍耐，就要坚持走下去。如果你很确定那就是自己想要的，就不要在乎别人的看法，努力实现自己的人生目标。所以，自我控制其实很简单，就是懂得自律，具有思维的独立性。它不仅表现在排除外界因素干扰方面，也表现在思维主体自身的思想解放、打破常规方面。

我们每个人在进行活动和思考时，一方面要尊重事实，从当前的客观情况出发；另一方面，还受到自己头脑中已有的思想、观念的影响。虽然自我控制与一个人的天性有很大关系，可是它绝对是一种可以修炼和培养的能力，哪怕它的提升是一个极其漫长的过程。

欲望和生命一样是人类与生俱来的东西，我们必须学会控制某些欲望。

哈佛大学经济学教授丹尼·罗德克（Dani Rodrik）说：“世界上所有的宗教都有一条戒律，那就是禁止贪婪。现实生活中我们也经常听到人们用不屑的口吻说出贪得无厌、贪心不足、贪婪成性等词语来鞭笞贪婪者。”

一个人进入社会后，有机会接触到更多物质社会的利益，就会在心里产生出种种向往。只是有些人这样的欲望少些，而且非常克制，有些人的欲望却多得连自己也说不清楚需要多少才能得到满足。正是由于欲望如此沉重，才会让背负它的人因此疲惫不堪，并且随时可能跌入深渊。

欲望人人都有，只要你能克制就能成为强者，而纵欲者的最终归宿只能是灭亡。贪婪虽然能够在理性的意志力下得到暂时的遏制，不过想要从心灵上彻底战胜它，不是一件容易的事情。如果你想战胜贪婪心理，就要学会克制自己的欲望，享受自我掌控的感觉。

情绪控制：哈佛教你做自己的主人

每个人身上都藏着一种神奇的力量，它可以让你神采奕奕，也可以让你精神萎靡；它可以让你如沐春风，也可以让你遭遇狂风暴雨。这种神奇的力量就是情绪。

拿破仑·波拿巴（Napoleone Buonaparte）有一句名言："能够控制好自己情绪的人，比能拿下一座城池的将军更加伟大。"情绪是什么呢？现代心理学指出，情绪就是一个人对于客观事物的体验，是主观上的一种感受，比如我们常说的喜怒哀乐等等。这些情绪就像身体对你说的话，让你知道自己正处于怎样的境地，也提醒你应该用怎样的方式去处理眼前的事情。

中国古典著作《礼记》中有"七情"之说，人的"七情"包括"喜、怒、哀、惧、爱、恶、欲"，而近代西方学者将人的情绪分为四种，分别是"喜、怒、哀、惧"。

情绪就像一把双刃剑，有时会让人焦虑不安、萎靡不振、满腔怒火、悲痛欲绝，有时又会让人冷静理智、从容平和、精神焕发、舒适愉悦。正是由于情绪的多样性与复杂性，学术界对"情绪"二字没有统一明确的定义。反正它可以让你得到加强，也可以削弱你。当你被负面情绪困扰时，注意力就会被削弱、分散，看待周围的事物也如同戴上了有色眼镜。

哈佛大学心理学教授丹尼尔·戈尔曼曾经说过："情绪意指情感及其独特的思想、心理和生理状态，以及一系列行动的倾向。"

很多时候，人的情绪就像脱缰的野马一样难以控制，由坏情绪引发的行为让人无法容忍，行为所导致的后果更让人难以承受。因此我们必须学会情绪管理，努力成为情绪的主人。

情绪管理，就是用对的方式方法探索自己的情绪，然后调整自己的情绪，理解自己的情绪，放松自己的情绪。简单来说，情绪管理是对个体和群体的情绪进行感知、控制、调节的过程。其核心是必须将人本原理作为最重要的管理原理，使人性、人的情绪得到充分发展，人的价值得到充分体现；是从尊重人、依靠人、发展人、完善人出发，提高对情绪的自觉意识，控制情绪低潮，保持乐观心态，不断进行自我激励、自我完善。

一个人如果能够在心情不好的时候，控制住自己的怒火；能够在情绪低落时，给自己加油打气；能够在任何坏情绪来临时，学会驾驭它们，而不是被它们所操控，那么也就拥有了取得成功的力量。无论你的情绪有多么糟糕，你都要学着去掌控，而不是放任自流。

哈佛经济学教授詹纳斯·科尔耐（Janus Kornai）曾经说过："我把人在控制情绪上的软弱无力称为奴役。因为一个人被情绪所支配，行为便没有自主之权，而受命运的宰割。"因此，我们必须学会控制好自己的情绪，要成为情绪的主宰者，而不是让坏情绪控制自己，分散自己的注意力。

坏情绪对我们影响巨大，如果放任自流，只会严重影响我们的身心健康。

我们经常可以看到，有的人因为一点儿小事就恼羞成怒，因为一点儿挫折就意志消沉；还有的人毫无理由地自卑，整天愁容满面，精神不振。这些坏情绪会直接影响青少年的成长，让青少年无法专心学习，也无法快乐地生活。

不仅如此，坏情绪还会对人的身体健康产生危害。中国民间就有“怒伤肝、喜伤心、思伤脾、忧伤肺、恐伤肾”的说法，而中国科学院心理研究所研究员罗非更加明确地指出：“人的心理对外界的应激表现为‘心理炎症’，即情绪反应。炎症和情绪调动了机体和内心的储备能力，促成机体与内心的结构和功能改变。适度范围内的应激，是人类适应环境、提升自身过程中的必然反应。过度的应激无疑会导致生理和心理的病理状态。”

哈佛大学曾跟踪调查了1600名心脏病患者，结果发现这些人中脾气暴躁者与经常出现抑郁、焦虑症状的人的比例比普通人高三倍。我们控制好情绪不仅有利于身体健康，还是有涵养的表现。

当你发现自己无精打采、忧心忡忡、闷闷不乐时，为了健康着想，第一步是找出造成不适的原因，再合理疏导消极心理。

许多人将自己的情绪变化归于外部的影响，却忽视了身体内在的生物节奏。我们的健康水平、吃的食物与精力状况，甚至睡眠状况都能影响到情绪的变化。

有意识地察觉自己的情绪，便能让情绪保持在“受控”范围之内。

在毫无知觉的状态下，我们可能会被情绪的洪流所吞没，在黑暗中盲目地摸索，然而在有意识地觉察它们的瞬间，我们会像见到黑暗中的灯火一样，豁然开朗，找到疏解情绪的出口。

我们应该如何有意识地觉察到不同的情绪，并且对这些情绪进行正确的调节呢？心理学上有一个著名的“脱困四问”，它能够很好地帮助我们觉察并调节自己的情绪。

第一问，情绪（Emotion）：我正处于什么情绪之中？情绪的强烈程度如何？

第二问，事件（Event）：什么事件引发了这种情绪？要客观真实地描述当时发生的事件，如果发现自己的表述有主观倾向，则返回第一问，继续认清自己的情绪。

第三问，目标（Target）：我的初衷是什么？

第四问，行动（Action）：下一步，我应该怎么办？我能为此做些什么？

当我们发现自己被困在某种情绪中时，便可以通过“脱困四问”来认清并调节自己的情绪，最终找到情绪的出口，为自己重新设定行动目标。

有意识地觉察，能够帮助我们脱离茫然无知的情绪状态，让我们清楚地知道自己正处于怎样的情绪状态中，这样便有了管理情绪的意识基础，我们也就不会再被各种情绪牵着走了。

著名的费斯汀格法则告诉我们：“生活中的 10% 由发生在你身上的事情组成，而另外的 90% 则由你对所发生事情如何反应决定。”换一句言简意赅的话来说就是：“你的生活是否一团糟，10% 取决于外部世界，90% 取决于你的情绪状态。”

尽管情绪有它自己的想法，现实生活中也没有人能够完全控制好自己的情绪，但是我们仍旧不能让情绪放任自流，而应该尽量去控制好它，这样才能保持平和的心态、健康的身体以及长久的专注力。

第六章

哈佛的成功哲学：每个人的内心都有一座宝藏

我一定能学好：每个哈佛人的信念

每到开学季，哈佛大学的校报（*The Harvard Crimson*）都会对刚入学的新生进行一次详细的问卷调查，主题不拘一格，从科学、政治、历史，到文学、艺术、兴趣日常等等。

2019 年秋季入学期间，哈佛校报收集了 1064 名新生的资料以及问卷回答，约有 65% 的新生接受了调查，从中获取的数据能够充分显示出新生的各种特点和心理倾向。除了老生常谈的时间管理、学习计划等主题，调查还专门提出了学生的“自我要求”，结果显示有近八成的哈佛新生“自我要求极高”：78.3% 的同学压力来源是自我期望，来自外界的压力只占了 12.6%。这意味着，哈佛学生的自我要求远高于外界压力！

这也是每个哈佛人的信念，他们相信自己一定能学好，以内在驱动力而不是外力来学习。

曾经的哈佛成功学导师爱默生说过：“相信自己能，便会攻无不克……不能超越恐惧，便从未学会生命的第一课。”我们也看到，优秀的人身上都有一种品质，那就是自信心。

自信是一种相信自己、正确评价自己的能力。它让人们准确把握自己，驾驭自己的优缺点，让人们更容易接近成功。它能提高生命的价值，提高生活的质量。

哈佛大学不仅培养自信的学生，哈佛大学本身就是自信的代名词。

哈佛一直是很多年轻人心中的求学殿堂，能够进入哈佛求学的人，一定是同龄人中的佼佼者。哈佛对于学生的要求也是“自信！再自信”。

早在创立之初，哈佛大学就将自己定位在世界一流学府的行列，它有足够的信心为世界培养出顶尖的人才，而这些人才能为全人类的进步做出巨大的贡献。

如果你有机会行走在哈佛的校园中，一定能够感受到历史的积淀，哈佛就像一位巨人屹立在你面前，让你折服于它的广博与深重。这里拥有各种肤色的面孔，能够听到世界各地的语言。由于哈佛的校园是开放式的，因此哈佛就像一个小型的联合国，广场上车水马龙、街道纵横。

在这所举世闻名的学府中，来自世界各地的优秀学子齐聚一堂，勤奋地学习知识，也获得人生最宝贵的经验。如今国际环境逐渐呈现出经济全球化的趋势，而百年哈佛凭借自信的力量，始终走在世界的最前沿。这不仅是一种自信，更是一种风采！

自信正是一种坚定的理想、明确的目标和执着的追求。

自信是思维意识活动的一种表现，它产生于我们自己，很多难题和苦恼是自己造成的，因为我们总是会不自觉地用一根看不见的线将自己捆住。所以我们首先要面对自己，战胜自己的缺点，将真实的自己释放出来。当我们相信自己时，便不会因困难和苦恼产生动摇，便拥有了自己的精神支柱，自信由此成为人生的追求。

关于自信心的重要性，哈佛大学的奥格·曼狄诺（Auger Mandinuo）是这样说的：“一个人想要获得成功，必须具备的品质有很多种，其中最重要的就是自信心。”

那么，我们如何才能做到这一点呢？奥格·曼狄诺给青少年的建议是：

1. 要有勇气改变自己的命运

每个人的出生无法由自己决定，可是每个人的命运都紧握在自己手中，你想要获得成功，就要有勇气去改变自己的命运。

2. 要懂得如何发掘自身的财富

有一句话说得很好："一个人因为少了一双鞋子而闷闷不乐，那是因为他没有看见那些少了两条腿的人。"所以，你发现自己的财富，就能拥有更大的信心。

3. 从自身的优势出发，去追求自己的目标

世界不会一直停留在严寒的冬季，一个人也不会永远生活在失败的阴影下。只要你懂得从自己的优势出发，并且努力追求自己的目标，那么自信与成功将结伴来到你身边。

自信很重要，但是不要过度自信，否则你只会处处碰壁。

德国著名哲学家亚瑟·叔本华（Arthur Schopenhauer）曾经说过："事物本身并不会对人产生影响，能够影响人的是对事物的看法。"

哈佛大学虽然要求学生树立自信，但绝不是过度自信或盲目自信。因为大量的认知心理学文献早已指出，人很容易过度自信，特别对其自身知识的准确性过度自信。作为行为金融学的四大研究成果之一，"过度自信理论"在很多职业领域有所体现，比如外科医生、投资银行家、律师、工程师等，他们在做判断和决策时，都存在过度自信的特征。

人之所以会过度自信，主要是以下两种原因：

1. 信息积累的后遗症

每个人都会通过知识和认知去理解世界，同时又会被"个性化"的认知体系限制住，掉进自我的世界里，这就造成所谓的"一厢情

愿”“自己想当然”。造成这种状况的主要原因就是：人所获取的信息在不断增加，能力却不一定有所提升，当信息积累得越来越多，而能力没有随之提升时，人就会产生过度的自信心。

现实世界中经常会出现这样的现象，比如一个人在取得一定的成就后，就会误以为自己取得成就的方法适用于任何领域，可事实上，这些方法放在其他领域并不适用。早些年的摩托罗拉、柯达等商业巨头，也是因为沉浸在成功的海洋中，过度自信，而忽略了海洋之外翻天覆地的变化，才最终被商业的浪潮卷走。再比如经验丰富的桥牌运动员，在叫牌的时候往往比缺乏经验的桥牌运动员更自信，可他们时常无法赢得自己可以赢的牌局，因为他们很容易在自己最熟悉、最有把握的情况下疏忽大意。

2. 与“证实偏见”有关

什么是“证实偏见”呢？就是人倾向于寻找和自己信念一致的意见和证据。比如有一个人喜欢看科比·布莱恩特（Kobe Bryant）打篮球，并且对科比参加的每一场比赛都充满信心，就算科比哪次比赛失误了，他也会找到各种证据为科比辩护，而不会寻找与自己观点相悖的证据。这种行为就是“证实偏见”，它会让人过度自信，因为它只让人看到对自己有利的信息，让人们更加乐观地相信自己的判断，而不去思考事实到底是什么。

无论学习、工作或者做其他事情，我们都应该避免过度自信，对于信息，我们应该保持客观公正的分析能力，不过分乐观，也不过分悲观。这就需要我们随时反思、质疑自己，让自己尽可能地保持理智。全球最大对冲基金桥水基金的掌舵者雷·达里奥（Ray Dalio）曾经说过：“无论我们对自己的观点有多自信，都应该寻找那些不同意我们看法的聪明的人去讨论。”这是自我反思的最好方法。真正自信的人，应该用自己的实力去说话，而不是空口说白话。

走出自卑的泥潭，人生就有无限的可能

在任何一个课堂上，都会存在两种学生：一是抬头挺胸、专心致志听讲的学生；二是紧缩着脖子、不敢抬头与老师对视的学生。这两种学生似乎能够很好地代表自信和自卑的人。

在日常生活中，总有一些青少年朋友被自卑所困扰，他们表现得意志消沉、颓丧，甚至是堕落。他们往往过于关注外界的评价，时时处处都显得小心谨慎，于是很容易就否定了自己。我们可以想一想，如果一个人自己都不认可自己，又如何得到别人的认可呢？如果一个人陷在自卑的泥沼里，他能够用千万种理由来否定和贬低自己，比如自己的个子不高、自己不够白、自己的眼睛不大、学历不高、家境不好等等。

当一个人被自卑所束缚，那么他在学习和生活中，总会表现得没精打采、自我封闭。

如果青少年朋友心理自卑，不仅会在精神方面表现出迷茫、拘谨和懦弱等缺陷，在实际行动方面也会因为患得患失、裹足不前而失去很多重要的机会。

曾经在哈佛大学肯尼迪政治学院任研究员的加藤嘉一十分关注中美日关系，在哈佛任职期间，他将目光放在了那

些在美国求学的中国留学生身上——他们的学习方式是怎样的？他们如何融入美国社会？他们走出国门后用什么样的眼光看待自己的祖国？

加藤嘉一经常会在哈佛校园中寻找中国留学生的身影，想方设法地与他们交流，以此了解他们的情况。另外，他还会经常浏览哈佛校园网站，因为哈佛校园网上有关中国的论坛、沙龙特别多，而且还保持了相当的热度。有时，校园网上的“亚洲中心”还会举办专门的讲座，话题包含了中国金融、政治、海洋政策、外交关系等方方面面。

通过一段时间的观察，加藤嘉一发现中国学生在日常生活中表现得彬彬有礼，但是在课堂上缺少热情和自信，绝大多数中国学生即使没有完全接受教授的意见，也不会进行过多的探讨与追问。这样的“谦逊”似乎有点儿过头，甚至有一点儿自卑的嫌疑。

加藤嘉一将自己的观点撰文发表出来后，有一部分中国留学生表示不认同，但是这也让他们开始反省：什么是真正的自信？什么是真正的礼貌与谦卑？什么才是真正的自卑？

一个真正自卑的人，总是喜欢用别人的长处与自己的短处相比，最后越比越觉得自己比别人差多了，从而形成自卑的心理。而心怀强烈的自尊感的人，认同并赞赏自己的一切，即使没有将自信张扬出来，也算不上自卑，只是谦卑罢了。

自卑对于青少年的成长与发展是十分不利的。因为自卑心理会让人产生焦虑的情绪，并且使人的注意力分散，最终不能获得成功；同时，由于没有成功，他们又自卑起来，这样就会让自己永远处在自卑的恶性循环中。正因为如此，青少年朋友产生自卑的时候，就要用理性的态度去铲除它，要时刻谨记一句话：自卑的泥沼里永远无法长出成功的花朵！

自卑是没有标准的，我们不能用别人的标准来给自己下定义。

著名作家拉塞尔·H. 康维尔（Russell H. Conwell）曾经说过："世界上至少有95%的人觉得自己不如别人，他们没有成功和幸福的根本原因，就是习惯用别人的标准去衡量自己。"

在他的著作《钻石宝地》中，有这样一段论述："客观来说，世界上的每一个人都有不如别人的地方，同样也在某些方面超过所有的人。比如在举重方面，有多少人能够比过保罗·安德森（Paul Anderson）；在舞蹈方面，有多少人比亚瑟·毛瑞（Arthur Maury）更厉害；在掷铅球比赛中，又有多少人能够成功超过白利·欧布莱恩（Bailey O'Brien）。你知道自己永远无法超过他们，可是你并不因此而产生自卑感，也没有因此觉得自己不行，甚至觉得是一块废柴。"

拉塞尔·H. 康维尔明确指出，只有傻瓜才会拿别人的标准来衡量自己，就算你在跳舞或者举重上不如别人，但这并不能说明你是一个"不行的人"。

亚瑟·毛瑞和保罗·安德森在舞蹈和举重方面无人能及，可是没办法拿起手术刀，将手术台上的病人挽救回来，所以他们是"做手术不行的人"，而不能说他们是"不行的人"。这种判断取决于我们用什么样的标准来衡量，是用自己的标准，还是用别人的标准。

很多人会产生自卑心理，就是因为他们习惯于用别人的标准来衡量自己。这样做只会给自己带来一种错误的感觉，认为自己永远不如别人、自己身上的毛病太多，甚至认为自己没有了价值，不可能获得成功与幸福，而事实上，你可能并没有别人评价的那么差！

这个世界存在太多“不确定性”，你的自卑也是不确定的。

著名心理学家阿尔弗雷德·阿德勒（Alfred Adler）在《自卑与超越》一书中写道：“生活中的不确定性，正是我们希望的来源。”这位心理学家身患残疾，并且曾因此而感到自卑。他发现生活中的不确定性能够给人带来希望，因为每个人都有超越自卑的潜能。

什么是不确定性呢？在经济学中，不确定性是指经济行为者在事先不能准确地知道自己的某种决策的结果，或者说，只要经济行为者的一种决策的可能结果不止一种，就会产生不确定性。比如某人买了一只股票，不知道股票未来的涨势如何，因此就产生了不确定性。

在量子力学中，不确定性指测量物理量的不确定性。由于在一定条件下，一些力学量只能处在它的本征态上，所表现出来的值是分立的，因此在不同的时间测量，就有可能得到不同的值，就会出现不确定值。也就是说，当你测量它时，可能得到这个值，也可能得到那个值，得到的值是不确定的，只有在这个力学量的本征态上测量它，才能得到确切的值。

在生活中，不确定性体现得更为明显，凡是未来将发生的，我们无法准确预知的事物，都充满了不确定性。比如明天的面试能不能通过，接下来的约会是否愉快，期末考试能否顺利通过等。生活中绝大多数事物具有不确定性。

为什么很多人喜欢观看足球比赛呢？因为它的不确定性，没有到最后一刻，谁也无法预知比赛的结果会是怎样。假如生活是确定的，我们看不到任何可能性，也就没有人愿意去努力拼搏，更没有人看得到希望了，因为一切都是确定的，无法做出改变。

人的自卑心理也是具有不确定性的，没有天生的自卑或者无法改变的自卑。所以，我们应该多看到事物的“不确定性”，而不是一味地认定自己就是“很差”“做不到”“没能力”。

当你不再给自己内心设限的时候，你的人生就有了无限的可能性！

战胜恐惧：原来恐惧并没有那么可怕

我们每个人都曾有过恐惧的体验，比如一个人身处幽闭黑暗的空间、突然出现的巨大灾难、流落在异乡的街头等等。恐惧会让人产生不安、愤怒、惊慌、抑郁、嫉妒等负面情绪，还会让人心生怯懦，畏首畏尾，做什么事情都缺乏自信心。

哈佛人明白这个道理，所以哈佛教授经常会鼓励学生战胜恐惧，勇敢承认自己不知道的事情，这样才能获得学习的进步。而超越恐惧，再向前跨一步，就是勇气。那些总是害怕、畏首畏尾、缺乏自信的学生，是没有勇气去冒险、去收获的。

威廉·莎士比亚说过："懦弱的人在没死之前，就已经熬过很多次了；而真正的勇士一生只死一次。"有时候，你的内心害怕什么，就会发生什么，这便是著名的墨菲定律。

凡是你害怕的事情，都有可能发生，比如你的口袋里放了两枚金币，你很害怕这两枚金币会被坏人抢走，于是每隔一段时间就用手摸兜，检查金币是否安全。可是，你的这个小小的举动被小偷发现了，最后你的金币要么会被小偷偷走，要么就会因为磨破口袋而掉落。

墨菲定律在技术界带来的影响更大，因为它会给技术人员带来一个残酷的现实，那就是技术风险总是会由可能性变成突发性事件，让人猝不及防。

恐惧感来源于未知，害怕未知事物是人类的本性。

其实，人类的绝大多数恐惧感来源于未知，害怕未知事物是人类的本性。比如在原始时代，人们就开始害怕未知事物，比如原始人离开自己的洞穴去未知的场所就是一件很危险的事情，因为不确定能否找到食物，也不知道会遇到什么样的凶兽。

人类的大脑至今仍然存在这样的意识——离开自己熟悉的场所是很危险的。

英国神学士詹姆士·里德（James Reed）说：“人类的许多恐惧都来自对这个世界的不了解，来自这个世界对于人类的控制。为了让人生变得更加完满，人类就必须去获取控制恐惧的力量。”

虽然现代社会发展迅速，人类文明快速进步，然而未知的事物仍旧源源不断地出现，科学所能解释的只是其中一部分，而另一部分无法解释的就变成了人类恐惧的根源。

面对未知事物，人类不能仅仅感到恐惧，还应该具有探索和冒险的精神。当然，最重要的一点是恐惧感能够为危机管理提供动力。当我们感到恐惧的时候，内心便会意识到危机的存在，这时候人处于警觉的状态，“求生欲”也被激发了出来，改变由此而来……

恐惧感来源于内心，你越是害怕，越容易失败。

心理学有一个著名的“瓦伦达效应”。这个心理学效应来源于一个真实的故事：

美国有一位高空钢索表演者，他的名字叫瓦伦达（Wallenda）。很遗憾的是，他在一次众人瞩目的表演中失足身亡了。事后他的妻子含泪说道：“我知道这一次他肯定要出事，因为他在上场前就一直说‘这次表演太重要了，一定不能失败，绝对不能失败……’而此前无论参与什么表演，他只是专心为其做好准备，而不去想其他事情，更不会担心表演的成功或失败。”

人们把这种专心做事，而不在意这件事的意义和结果，不患得患失的心态，称为“瓦伦达心态”，又把这种害怕失败而导致失败的情况称为“瓦伦达效应”。

美国斯坦福大学的一位心理学教授也指出，大脑中的某些图像会像现实情况那样刺激人的神经系统，从而影响到人的行为及心理。比如一位篮球运动员在比赛前提醒自己一定要进球，而他的大脑中往往会出现“没有进球”的情景，这一情景会直接影响到他的发挥，让现实的情况向他害怕的方向发展——最终他真的没有进球。

如果你在做某件事情之前不去考虑太多问题，不让功利心带来担忧和焦虑，而是专心去做那件事情，那么就会更加容易成功了。

成功者永远都走在路上，永远都活在当下，他们不会因为未知的事物而产生焦虑，也没有时间去“想太多”，因为他们的时间都用在了努力奋斗上。

恐惧感也有益处，就是成为“危机管理”的动力。

中国有一句俗语叫“一朝被蛇咬，十年怕井绳”。

一个人被蛇咬过之后，对于“蛇”的恐惧感会深藏在内心，以后看到蛇或类似于蛇的东西时，就会感到害怕。被蛇咬过之后，你可能不会出现危及生命安全的情况，不过内心受到的“伤害”却是不可避免的，因为人的内心会被植入一种叫作“害怕”的东西，下次遇到类似的事件时，内心的“害怕”又会浮出来。

这种条件反射的恐惧感，能够成为“危机管理”的动力。

当我们的内心出现恐惧感的时候，说明自身正处于危机之中。这时，我们的身体和心理便会做出应激反应，并且采取相应的处理措施。

美国《危机管理》一书曾对《财富》杂志排名前 500 强的大企业董事长和 CEO 做过专项调查，结果表明：80% 的被调查者认为，现代企业面对危机，就如同人们必然面对死亡一样，已成为不可避免的事情；其中有 14% 的人承认，曾经受到严重危机的挑战。

一个人在面对危机时的表现是好是坏，能够显出他内心的格局是大是小。

有的人在大风大浪面前仍旧岿然不动，有的人却像惊弓之鸟，总被对未知的恐惧俘虏。在面对同样的困难时，格局大的人总能找到解决的方法，格局小的人却只能看到失败的影子。

大导演史蒂文·斯皮尔伯格（Steven Spielberg）在哈佛大学演讲时说："坚持你的角色需要很大的勇气，勇敢起来，你还需要很多支持。"

当恐惧感出现时，我们也要鼓起勇气，在抱着最大的希望的同时，也要做好最坏的打算。这样，当最坏的情况出现时，我们才能从容应对，不至于手忙脚乱、不知所措。

或许有人会说，做最坏的打算不是对自己缺乏信心的表现吗？其实，做最好的打算或做最坏的准备，并不是有没有信心的表现，而是一种面对困难的人生态度。

乐观向上：将优秀当作一种习惯

拿破仑·波拿巴曾经说过一句话："人与人之间只有很小的差异，但就是这种差异会造成巨大的差距。很小的差异指的是积极的心态还是消极的心态，巨大的差距就是指成功和失败。"

2019 年哈佛大学的毕业典礼上来了两位重量级的演讲嘉宾，一位是德国总理安格拉·默克尔（Angela Merkel），另一位是美国前副总统阿尔·戈尔（Al Gore）。此外，还有一位更耀眼的"明星"抢了两位重量级嘉宾的风头，他就是哈佛新任校长劳伦斯·巴科。

劳伦斯·巴科在演讲中回忆许多"往事"，尤其是自己领导哈佛大学第一年的那些亮点。与此同时，他还谈到了这个时代的"动荡不安"，比如穆斯林、犹太教徒和基督教礼拜者组织的暴力活动，全球气候变化以及极端天气给人类带来的生存危机，等等。

在谈到这些严峻的问题时，劳伦斯·巴科表现得一筹莫展，脸上的表情十分凝重。然而，在演讲的最后，他突然变得情绪高昂起来，大声说道："我是一个乐观主义者，这是因为我在你们所有人中间生活和工作，因为我看到你们所做的事情，因为我知道你们能做的事有无限潜力。愿我们在未来几年互相寻找灵感，愿我们的能力超越我们的期望。愿哈佛继续成为世界希望的源泉。能够担任校长我感到荣幸！”

最后几句话充满了乐观与希望，虽然转折有些突然，但全场的气氛立刻沸腾起来。

这便是乐观的力量！正如丘吉尔[1]所说：“悲观主义者认为每个机会都有困难，乐观主义者在每一个困难中都看到了机会。”在现实生活中，有的人天生就比较乐观，但这并不意味着“乐观”是一种无法在后天养成的品性。这全在于选择，且是完全处于我们的掌控能力范围之内的。举一个很简单的例子：一早醒来，我们是以焦躁不安的心绪还是以积极乐观的心态去迎接这一天的呢？研究表明：从长期来看，乐观者能更好地应对压力，他们生病的次数也更少，寿命也更长，而且他们要比那些消极的人更快乐、更成功。

乐观的人更容易获得快乐，而快乐是青春应有的基调！

哈佛大学积极心理学教师泰勒·本－沙哈尔指出：要好好控制住脑子的反应，你不能不随时注意自己身心所处的状态。我们所做的一切，都在于追求着快乐的同时逃避痛苦，然而我们若是改变心态，就可以很快改变先前对快乐和痛苦的认知。拥有积极乐观的心态是成功的关键。面对挫折、困难或不如意的时候，我们不妨让自己的心态转变一下，就会发现结果是截然不同的。一个人快不快乐，其实就在于

1　丘吉尔（1874—1965），全名为温斯顿·伦纳德·斯宾塞·丘吉尔，Winston Leonard Spencer Churchill，英国政治家、历史学家、演说家。

他自己。

你认为自己处于某种状态，这种状态就会越发明显。如果你认为自己很可怜，让自己沉浸在苦闷之中，那么你的生活就会真的很痛苦。如果你相信自己很快乐，并且能够快乐地去生活，那么你的生活也就真的很快乐。

哈佛大学心理学家艾伦·J. 朗格（Ellen J. Langer）教授指出：明白了欢乐并不等于快乐，并不能令我们最终得到解脱。或许你会以为，假如有个人住在好莱坞或迪士尼乐园所在的地方，一年到头阳光充沛、充满欢声笑语，那么他一定会比别人快乐。如果你这样想，那么你的看法就不免有些错误了。在现实生活中，许多人总是认为欢乐就等于快乐。但事实上，这两者之间很少有共通之处。欢乐就是人们在进行一种活动时，所得到的即时感受；快乐则往往是在活动结束之后才会感受到的一种成就感。所以快乐是更深入、更持久的情绪。欢乐与快乐的区别就在于，到游乐场去游玩，去看球赛、电影或者电视，它们全都是欢乐的活动，能帮助人们放松身心、忘却烦恼，甚至会让人哈哈大笑；但是，它们不一定会带来快乐。

乐观的人更容易战胜厄运，因为乐观的人会积极地面对，而不是消极地承受。

什么样的人生才是成功的人生？当然是不断超越自我、不断蜕变和完善的人生。

如果你只是一个普通人，并没有丰厚的家底或显赫的出身，想要独自在这个残酷的社会中立足，就要时时刻刻面临各种厄运与磨难，并且保持一颗坚强的心。

如果你在一次失败之后自暴自弃、意志消沉、一蹶不振的话，那么失败之后就只能还是失败，之后是一连串的失败。但是，如果在第一次失败以后重新审视自我，鼓起追求成功的勇气，你就可能获得一定的成功。

乐观的人更容易获得幸运，成为“幸运儿”。

人们常说，命运掌握在自己手中。如果你想成为幸运的宠儿，就要让自己拥有幸运的气场。乐观而强大的气场会吸引到更多的幸运。

如果幸运是一个概率问题，那么深知概率的高等数学家们，又是否能更接近幸运呢？答案是否定的。在高等数学中，有专门研究随机事件规律的公式，它让我们知道生活中随机事件发生的可能性有多大，也让我们能够更好地处理随机事件。但是这种隐秘的随机性，人们越是研究它，越是会被它的错综复杂震撼——即使是高等数学家，也无法识破概率的奥秘，否则他们通过计算就能买到彩票的头奖，而不需要任何运气。

幸运的降临，有时会很难，有时又很简单，就像抛硬币一样，正面朝上或朝下的概率都是二分之一。不过，在实际操作过程中，室内的环境差异，空气的湿度变化，气压的大小，抛硬币的力度、方向，硬币的磨损状况，等等，都会影响最终的结果，即使你已经抛出了九次正面朝上，第十次也不一定就是正面朝上，这便是幸运降临的偶然性。

坚强的意志力：克服一切困难的决心

哈佛大学在研究“意志力对于生命个体的巨大作用”方面花费了大量的时间和精力。

资深的研究专家罗素·康达（Russell Konda）博士曾经说过：“古往今来，对于成功秘诀的谈论实在太多了，但其实成功并没有什么秘诀。成功的声音一直在芸芸众生的耳畔萦绕，只是没有人理会它罢了。而它反复述说的就是一个词——意志力。任何一个人，只要听见了它的声音并且用心去体会，就会获得足够的能量去攀越生命的巅峰。”

罗素·康达博士多年来一直致力于一项事业，就是将“意志力能够支配人生走向，让人勇往直前，并且获得自由”的观点植入美国人的思想中。

什么是意志力呢？意志力就是一个人管理自己情绪的能力、控制自己欲望的能力、激励自己不断进步的能力和克服一切困难的能力。坚强的意志力能够帮助我们掌控人生、控制情绪、战胜困难，从容不迫地走向成功；而缺乏意志力让人胆怯、畏惧、无所作为。

坚强的意志力和成功的欲望，都是一个人取得辉煌成就的必要条件。

我们身边有很多这样的青少年朋友，他们拥有过人的才学，也具备成就事业的能力，可是他们就是缺乏最基本的意志力，做事情没有坚定的信念与决心，最终也是碌碌无为。

奥普拉·温弗瑞（Oprah Winfrey）是美国著名的媒体人。她所主持的脱口秀节目，曾经连续25年稳居美国脱口秀节目的头把交椅，连张靓颖也是她的粉丝。

她不仅是美国最有钱的黑人女性，而且还得过18次艾美奖。

2011年，奥普拉成功转型，成立了自己的影视公司。由她监制的现实剧获得了极高的关注度和收视率，而她作为新手制作的纪录片《信仰》，也得到了业界的一致好评。

同时，她还被邀请出演大导演斯皮尔伯格的电影《紫色》，而且第一次接触电影就得到了奥斯卡奖的青睐，获得了当年奥斯卡奖最佳女配角的提名。不仅如此，以她的名字冠名的杂志，每个月的销量都超过250万册。她还创建了一个影响力巨大的读书俱乐部，经她推荐的每一本图书，都可以迅速登上畅销书的榜首。她在推特[1]上的粉丝数量超过三千万，还被美国《时代》周刊评选为“世界最有影响力的100人”之一！

奥普拉对于美国社会民众的影响之大，只能用一个词来形容，那就是“奥普拉效应”。

1　推特，Twitter，是一家美国社交网络及微博客服务的网站，允许用户将个人动态以短信息形式发布，在2006年3月由杰克·多西创办。

这样一位具有多重身份、扮演不同角色、影响力巨大的女强人，是如何做好自己的选择，安排好自己的作息时间，在不同的角色间自由转换，而且能够把每一件事做到极致的呢？

答案是坚强的意志力，是克服种种困难的决心，是坚持和永不放弃。

2013 年，奥普拉受邀前往哈佛大学进行演讲。她自信地站在演讲台上，面对着哈佛全体师生，铿锵有力地说道：“人生没有失败这档事，所谓失败只是让人生转个弯。有时难免会陷入挣扎，卡在困境中，不过你想创造的人生故事会带着你走出去。”

我们可以毫不夸张地说，是坚强的意志力成就了奥普拉，让她做出了最正确的选择，成功横跨多个领域，并且将每一件事都做到极致。她是站在金字塔顶端的女强人，让普通的奋斗者望尘莫及。与奥普拉的成功相比，普通人可能要差很多个数量级，但是她在面对种种困难时所展现出的坚强意志力，却是普通人可以效仿的。

世界上最可怕的不是困难本身，而是我们自己想象的困难。

俄国著名作家陀思妥耶夫斯基[1]说过：“只要有坚强的意志力，就自然而然地会有能耐、机灵和知识。”假如一个人缺乏自信，没有能够控制自己的意志力，那么他如何能够持之以恒地坚持下去，又如何能够拥有创造和发明的可能性呢？

---

1 陀思妥耶夫斯基，全称为费奥多尔·米哈伊洛维奇·陀思妥耶夫斯基，英文为Fyodor Mikhailovich Dostoevsky，俄国作家。其代表作有《穷人》《白夜》《被侮辱和被损害的》《罪与罚》《群魔》《卡拉马佐夫兄弟》等。

我们身边的年轻人都很热衷于自己的学业与工作，可是由于缺乏意志力，很多时候选择了轻易放弃。他们时常对自己的才学以及自己所有的优势表示出怀疑。他们不知道如何发掘自身的优势，在面对困难的时候，通常表现为灰心丧气、闷闷不乐。

当你被想象的困难所困扰时，不妨马上行动起来，去做一点儿实际的事情。当你害怕的时候，就开始行动起来，当你开始行动时，就没有时间害怕了。

在克服困难的过程中，不要害怕，更不要抗拒改变。

很多困难需要我们自身做出改变，而“害怕改变”是人的天性。因为改变就意味着承担未来的“不确定性”，如果你一步走错，就有可能满盘皆输。

这时候，自我防御机制就会站出来对你说：不要去冒险，你无法战胜那些困难。如果你意志力薄弱，自然会顺应天性，抗拒改变；如果你意志力坚定，便能战胜人性的弱点，勇敢地做出改变。改变包括行为、生活方式的改变，还包括思维方式的改变。行为、生活方式的改变或许还算容易，思维上的改变却很困难，因为改变思维意味着质疑甚至否定自己原有的价值观和世界观，再逐渐建立起全新的价值观和世界观，这就像给自己的思维做了一次手术，是痛苦而又孤独的过程。

苹果 CEO 蒂姆·库克（Tim Cook）说过这样一段话：“你们这一代人比以往任何人掌握的知识力量都强大，这能够让世界快速发生改变。得益于科技的发展，每个人现在都有让改变发生的工具和潜力，因此我们可以让这个时代变成最好的时代。”

库克认为，生命中最严苛的挑战和最大的困难，就是知道何时突破传统，做出改变。我们也应该如此，不再害怕困难，不再安于现状，不再抗拒改变。当我们做出这些改变，勇敢向前踏出第一步之后，会发现所有的困难都迎刃而解了。

遵从内心：在自己的路中走向成功

在哈佛大学，最受欢迎的选修课并不是“经济学导论”，而是泰勒·本－沙哈尔导师的“幸福课”。众多学生听完“幸福课”后，都懂得了“幸福感是衡量人生的唯一标准，是所有目标中的最终目标”。一个幸福的人，必然有一个明确的、可以带来快乐和意义的目标，然后努力地去追求。真正快乐的人，会在自己觉得有意义的生活方式里，享受它的点点滴滴。

当我们在追求有意义而又快乐的目标时，我们就不再是在消磨时光，而是在让时光闪闪发亮。

泰勒·本－沙哈尔导师在课堂上幽默地说道：“获得人生幸福的要点有很多个，第一要点就是遵从自己内心的热情，选择对你有意义并且能让你快乐的课，不要只是为了轻松地拿一个 A 而选课，或选你朋友上的课，或是别人认为你应该上的课。”

每个人都有迷茫的时候，他们在面对选择或者困难时不知所措，或者被他人的想法左右，最终做出违背自己意愿的选择。很多人不都是如此吗？面对未知的未来，不知道内心的真正渴求是什么。当我们陷入迷茫之时，是停下脚步思考，还是一门心思地往前走呢？

或许你会闭上眼睛，聆听内心的声音继续摸黑前进，可是所谓“内心的声音”也有可能会欺骗你，它只不过是一些零零碎碎的感性因素和随机而生的灵感，与理智和成功相去甚远。

这时最好的解决方法，就是遵从自己的内心，在自己的路上走向成功。

遵从内心，首先要有自觉意识。

希腊圣城德尔斐神殿上镌刻着一句著名的箴言："认识你自己。"

千百年以来，人类从呱呱坠地的那一刻起，就开始了自我探索的旅程。在你认识这个世界之前，你首先要学会认识你自己，要知道自己的优势与劣势在哪里。不过，认识自己可能是世界上最难的事情，有的人活了一辈子也不知道自己能做什么。

一个人的行为及决定，都会受到主观意志的影响，也就是自己所做的事情，所做的决定，都是由"我"做出来的，而不是别人。所以，决策的优劣就在于这个人是否具有自觉意识。如果一个人不了解自己，甚至不知道自己能做什么，那他如何找到出路呢？

人类之所以很难认清自己，主要原因就在于人类对于别人的正面评价通常采取接纳的态度，而对于别人的负面评价——包括意见、建议等，通常采取拒绝的态度。这样一来，人类总是看到自己的优点而看不到自己的缺点，对于自己也没有客观的认识。

还有一类人恰恰相反，他们只看到自己的缺点，陷在自卑中无法自拔。

遵从内心并不是被自己的想法完全左右，而是客观公正地认识自己，找到出路。

无论走多远，都不要忘了自己的初心。

这是很多人会犯的错误，就是走着走着就忘了自己最初的方向。

你很努力地做好了一件事，然后又接着做另一件事，却在不知不觉中误入歧途，最后把最初的目标都抛之脑后了。无论如何，你都应该将最初的目标记在心中。

每当你完成一件事的时候，往前行进了一段路程之后，不妨停下来想一想，看看自己是否走错了路，是否把自己的目标给忘记了。尽管我们想将所有精力都花在实现梦想上面，但是经常会因为琐碎的事而走了岔路。

很多人会因为一些很小的事而失去最终的目标，这无疑是可悲的。

在哈佛大学2016年的毕业典礼上，大导演史蒂文·斯皮尔伯格发表了自己的演讲，他说："无论做什么选择，都要听从内心，追随直觉，没有什么比这更能定义每个人的角色。"他认为，不论你的父母或社会压力怎么安排你的未来，只有做自己真正在意的事情才有意义。

在演讲中，斯皮尔伯格围绕着"遵从内心"提出了几个值得深省的问题：

1. 你清楚自己要什么吗？
2. 想一想：你为什么要上大学？
3. 你是否找到了自己的定位？
4. 你是否倾听你内心的声音，定义你的角色？
5. 你逃避现实和痛苦吗？
6. 你是否珍惜家人和伙伴？

这些问题确实"直击内心"。斯皮尔伯格不仅提出了这些问题，还用自己的亲身经历做出了回答。他的目的或许只是引发学生的思考，而学生会做出怎样的回答，将写在自己的人生履历上面。你只有遵从自己的内心，才能活出生命的精彩。

演讲结束后，当时的哈佛校长德鲁·福斯特（Drew

Foster）曾称赞斯皮尔伯格："作为一位非凡的故事讲述者，他为沉默者带来了话语，为历史带来了生命。"其实，在斯皮尔伯格自己看来，他只是听从了自己的内心，追随着直觉在做事，能够在自己的路中走向成功，或许只是意外收获！

不要走到了最后，才发现那不是自己想要的。

有的人忙于赶路，也有可能让自己找不到出路，最后慌不择路地走上错误的道路，等真正到达目的地之后，才发现自己从一开始就走错了。他们经历了那么多艰难险阻，花费了大把时光，却发现最初的目的地才是自己真正的追求。

我们在通往成功的道路上必然会经历各种曲折，走了无数弯路才能到达目的地。这时，你更应该确定自己最初的起点，只要能确定最初想要的东西，即使走再多弯路也不会偏离最终的目标。那些意志薄弱的人被挫败于挫折面前，被抛掷于失败的深渊；那些不敢面对现实的人选择躲在角落里痛哭流涕，始终抬不起头来；那些心胸狭窄的人在落败之后一蹶不振，再也没有燃起生活的信心……在挫折面前，你忘掉最初的起点，就等于失去了面对一切的勇气。

当我们坚定了自己的初心和目标，始终遵从自己的内心前行，就不会再惧怕风雨和艰难险阻，即便曾经走了很多弯路、做出了错误的选择，也不会影响我们最终走向成功。

精力管理：充沛的体力是学习的基础

从古到今，人们总是将教育的重点放在学生的“智能”培养上，很少会重视学生的“体能”培养。这无疑是教育的误区，因为强大的体能才是学习的基础，其重要性不亚于“智能”。

许多人只知道哈佛大学里都是“智力超群”的天才，却不知道很多哈佛高才生都是杰出的运动员，他们不仅学习成绩优异，而且在各种体育赛事中获奖无数，拥有高排名的学生随处可见。这便是哈佛大学所强调的全面性优秀，他们不是为了培养“书呆子”。

在申请哈佛大学的学生中，专业的运动员会拥有很大的优势，哈佛大学甚至将“体育”单独列出来，其权重达到了25%。在“体育”要素的评判中，招生官会给学生进行打分，6分最低，1分最高，其中还有“+”或者“–”作为调整。最后，招生官根据4个要素进行总体的评估。可见，体能的好坏会直接影响哈佛的申请成功率，并且会对以后的学习产生巨大的影响。

正因为如此，哈佛大学才会将“精力管理”当成重要的课程讲给学生，目的是让学生明白，只有做好精力管理，拥有了充沛的体能，才是学习的基础。

如果你想让自己的精力最大化地产出，就要学会将自己的精力聚集到最重要的事情上，毕竟人的精力是十分有限的，只有高效、有意义地使用自己的精力，才能彰显专注的价值。

> 吉姆·洛尔（Jim Loehr）是美国著名的心理学家，也是超级畅销书《精力管理》的作者之一。
>
> 他曾经对多名运动员和商业人士进行过心理辅导，并且帮助他们进行“精力管理”。在经过大量的实践指导之后，他才发现人们对于“精力”一词的了解并不透彻，既不知道精力的变化规律，也不知道如何管理好自己的精力。在他看来，精力管理甚至比时间管理更重要。
>
> 他在《精力管理》一书中写道：“我们应该在精力充沛的时候做重要的事情，让自己劳逸结合，作息要有规律，多进行有氧运动，累了就补充能量。只有善待自己的身体，身体才会善待你。同时，也要顺应精力的变化规律去做事，而不是逆反规律……”

每个人拥有的精力都是十分有限的，如何将有限的精力聚集到某一个点上，出色地完成某一项任务，这是值得每个人深思的问题。如果你不知道怎样管理好自己的精力，让它们分散于各处，自然无法专注地做好一件事情。同样，如果你的精力不足，却还想保持专注的状态，则会给大脑造成一种错觉，让大脑以为是专注力“不受控制”，其实是精力不足了。

生活在数字化时代，我们给自己安上发条，每天都按部就班地学习、生活和工作。然而，面对与日俱增的社会压力，我们的精力却“捉襟见肘”了。如何管理好自己的精力，似乎比如何管理好自己的时间更加重要，因为精力不足，专注力便会下降，我们也就无法正常地学习与工作。只有当我们精力充沛的时候，才能让任务保质保量。

精力管理离不开体能训练：要知道如何学习，更要知道如何运动。

哈佛大学医学院临床副教授约翰·瑞迪（John Ratey）写过一本书名叫《运动改造大脑》，书中列举了无数个真实的案例以及上百项科学研究成果，着重表达一个观点：运动不只是为了健身、锻炼肌肉，还能锻炼大脑，增强学习力，改造心智，让你更聪明、更快乐、更幸福！

有一句话叫“生命在于运动”。运动不仅能够增强我们的体质，还能改善我们的精神状态，让我们精力充沛、精神抖擞。所以，我们不仅要专注地学习，也要专注地运动！

在运动过程中，人体的耗氧量和能量消耗都会大大增加，血液循环加速，身体会分泌大量的天然激素，比如肾上腺素、生长激素、内啡肽等。这时大脑会处于兴奋状态，并且获得足够的氧气和能量，从而更加高效地运转，精力自然得到提升。

哈佛脑神经专家麦金尼斯（McGinnis）博士也在他的研究报告中指出：“规律适量的运动，超过6个月或一年，就会使部分区域的脑神经量增加，而这些因长期运动而增加的脑神经，正是控制我们记忆及思考的重要部分。”

从精神层面来说，喜欢运动的人，往往乐观开朗、积极阳光，能够以更好的精神状态去面对每一天的学习和每一天的生活。所以，我们必须给自己制订运动计划，并且每天实施。

精力管理离不开睡眠保障：只有会休息的人，才能高效学习。

哈佛大学“最受欢迎导师”泰勒·本－沙哈尔博士说：“最高效的人都是最会休息的人。”

人的一生中，至少有三分之一的时间都在睡觉——刚出生不久的婴儿几乎每天要睡20个小时以上，成年人每天至少也要睡7～9小时。可以说，睡觉是人类必不可少的行为。

保证充足的睡眠时间和良好的睡眠质量，也是我们保持精力充沛的基础。

从生理学的角度来看，人在睡眠的时候，身体正在经历一个主动修复的过程：

1. 睡眠能够消除疲劳感，恢复人的体力

睡眠期间，人的体温、心率、血压会下降，呼吸及部分内分泌减少，基础代谢率降低，而胃肠道及其他有关脏器合成并制造的人体能量物质得到增加，从而使人的体力得到恢复，疲劳感得以消除。

2. 睡眠能够养护大脑，恢复精力

由于睡眠状态下，大脑的耗氧量会大大减少，有利于脑细胞贮存能量、恢复精力，所以睡眠充足的人往往精力充沛、思维敏捷、学习和工作的效率较高；而睡眠不足的人往往精神萎靡、注意力涣散、记忆力减退等。

3. 睡眠能够增强免疫力，康复机体

在正常情况下，人体会针对侵入的各种抗原物质产生抗体，并且通过免疫系统将其清除，以保证人体的健康。睡眠不仅能够增强人体免疫力，还能够使各组织器官的自我康复速度加快。

在日常生活中，无论学习任务多么繁重，也要保证充足的睡眠时间。只有在睡眠中恢复了精力，我们才能更加高效率地投入到学习中去。

精力管理离不开均衡饮食：丰富的食物才是你的精力之源。

从生理学角度来说，精力来源于氧气和血糖的化学反应。饮食与精力有着十分密切的关系，英语里有一句流行语“You are what you eat”，意思是说，你吃什么，你就是什么。

那么，我们应该如何在饮食方面进行调整，从而让自己获得充沛的精力呢？

应该遵行少吃多餐的原则，最好能够变三餐为五餐。这里说的“五餐”并不是五顿饭的意思，而是三餐要尽量少吃，然后我们在三餐的间隙补充一些零食，比如坚果、水果、蔬菜沙拉等。这样做能够有效减少血糖的波动。

应该多吃一些低糖、综合营养质量指数高的食物。营养质量指数，又叫营养素密度，是指食物里某种营养素的含量，英文叫Nutritional Quality Index，简称NQI。无论是蛋白质、维生素、矿物质、纤维素，它们的含量越高，NQI值就越高，热量则越低；相反，NQI值越低的食物，热量则越高。

平时应该多喝水，保证身体的水分供给。喝水可能是最容易被人忽视的精力再生方式，因为人的身体中水的含量约占70%，大脑中水的含量更是高达80%。很多时候人感到疲劳，并不是真的疲劳了，而是因为身体缺水给人带来了疲劳感。

第七章

每天多学一点儿：哈佛人一直坚守的行为习惯

从凌晨四点半开始：常人所不知道的秘密

“很难相信那只是个意外，从此凌晨四点的洛杉矶街头，行人依旧稀疏，灯火依旧寥落，只是再也见不到他的身影了。”

前段时间，科比·布莱恩特意外去世的消息传来，让所有粉丝都为之心碎。即使你不喜欢看 NBA [1]，也知道他的名字，特别是那句“凌晨四点的洛杉矶”，几乎家喻户晓。很多人喜欢科比，不仅仅因为他精湛的球技和难以超越的战绩，还因为他的努力与勤奋。

> 科比曾经说过：“我最无法容忍那些懒人，我和他们的语言不同，也无法理解他们……如果我不说这些人又懒又蠢，那什么问题也解决不了。”
>
> 科比的努力是有目共睹的，“凌晨四点的洛杉矶”的故事更是家喻户晓。
>
> 一次科比接受采访，记者问他：“你为什么会如此成功呢？”

1　NBA，全称为National Basketball Association，美国男子职业篮球联赛的简称，于1946年成立，是由北美30支队伍组成的联盟。

科比反问记者："你知道凌晨四点的洛杉矶是什么样子吗？"

记者摇头说："不知道，那你告诉我，凌晨四点的洛杉矶是什么样子？"

科比挠挠头，说："满天繁星，灯光寥落，行人很少。"

说到这里，科比突然笑了，接着说："其实究竟是什么样子，我也不太清楚。可是有什么关系呢？每天凌晨四点的洛杉矶仍然在黑暗中，我就起床行走在黑暗中的洛杉矶街道上。一天过去了，洛杉矶的黑暗没有变化；两天过去了，黑暗依旧没有变化；十多年过去了，洛杉矶凌晨四点钟的黑暗仍旧没有变化，可是我变得肌肉强健了，有体能和力量，并且成为一名投篮命中率很高的运动员……"

科比的一席话让记者动容，也因此产生了深深的敬佩感。

凌晨四点的时候，科比已经奔跑在洛杉矶的街头，这时的你又在做什么呢？

成长的经历会告诉我们，每天多付出一点儿，一天不见回报，一个月不见回报，一年不见回报，但十年一定会有所回报的。为什么期末考试拿第一名的是别人？为什么站在领奖台上的是别人？为什么手捧鲜花走在红地毯上的是别人？为什么开名车、坐头等舱的是别人？答案其实很简单：只是因为别人每天多学一点儿，每天多付出一点儿努力。

凌晨四点半的哈佛校园，灯火通明，随处可见移动的"图书馆"。

在哈佛大学，学生的学习很少需要导师的督促，他们往往自主学习，自己安排课余时间去完成导师布置的作业，或者学习其他自己感兴趣的知识。即使到了深夜，甚至是凌晨，哈佛的校园里仍旧灯火通明，随处可见埋头读书的学生。

英国一家电视台曾为哈佛大学录制了一期名为《哈佛凌晨四点半》的节目，从凌晨四点半开始，将常人所不知道的秘密一一展现在大家面前：凌晨四点半的图书馆里，已经座无虚席，学生们认真地看书、专心地做笔记、小声地讨论问题……

除了图书馆，哈佛校园里的其他地方，比如学生餐厅、教室、实验室，甚至医疗室，全部都是刻苦学习的哈佛学子。他们利用一切时间来学习，这种浓厚的学习氛围深深地感染着每一位哈佛学子。对他们来说，哈佛大学就是一座不夜城，是世界上最好的求学圣地，无论什么地方都可以变成一座图书馆，甚至每一位哈佛学子都是一座移动的“图书馆”。

到底是什么让哈佛学子如此勤奋努力地学习呢？这和哈佛精神与哈佛学风有关。在哈佛校训中，有一条很有代表性：“假如你想在毕业以后，在任何时间、任何地点都如鱼得水，并且得到大众的欣赏，那么你在哈佛求学期间，就不会拥有闲暇的时间去晒太阳！”

哈佛学子勤奋努力、自信热忱，懂得创新与行动，也懂得如何抓住机遇，这样的学习态度能够帮助他们获取更多的知识，培养更多的能力，最终成为更加优秀的人才。在追求成功的道路上，只有不断向前，付出更多努力的人，才可能成为真正的赢家。

在知识的海洋里畅游，你将变成世界上最富有的人。

哈佛学子为什么能对知识如此痴迷呢？因为他们知道，在知识的海洋里畅游，自己将变成世界上最富有的人。在现代社会，知识正在向资本靠拢，这意味着你掌握的知识越多，你收获的资本也会随之增多。时代的走向不正是如此吗？一些在公司或企业上班的人也加入了学习大军，而且他们的数量与日俱增，在今后，这种增长趋势会更加明显，这是我们平常所说的“充电”。但是为何这些上班族都需要如饥似渴地“充电”呢？因为在科技日益发展的今天，如果你缺少知识，那么你很快就会被社会淘汰。

曾经的石油大王约翰·D. 洛克菲勒（John D. Rockefeller）说过一段话：“即使剥光我身上所有的衣服，拿走我的所有财富，然后把我扔到沙漠中，只要有一支商队经过，我又可以成为一个亿万富翁。”洛克菲勒为何这么自信？因为他拥有一种特别的财富，这种财富无人能偷走，但可以改变人的命运，这种财富就是知识。这足以证明知识的重要性以及实用价值。

学习不仅仅在学校里，还在人生中的每时每刻。

哈佛大学真的有人学习到凌晨四点半吗？当然有，但不是全部，顶级学霸除了勤奋和努力外，还懂得学习的方法，这就是所谓的学习力。正如哈佛商学院工商管理系的 W. C. 柯比（W. C. Kirby）教授所说：“唯有学习力，才能让孩子真正提升学习效率，成为学习的主人。”

柯比教授认为，在全新的时代，如果我们仍旧使用传统的方法去学习，学习只会变成一个减值的过程；而以学习力去获取知识，学习则会变成一个不断增值的过程。他在《学习力》一书中写道：“学习力就是一种学习方法和解决问题的方式，它让孩子学会学习，在接受知识的基础上有自己的独到见解，独立地思考问题，并发挥自身的创造力来解决问题。”

除了改变学习方式，重视对学生的培养，哈佛大学还经常告诉学生“终身学习”的重要性。

哈佛前任校长尼尔·鲁登斯坦（NeilL Rudenstine）曾说：“从来没有一个时代，像今天这样需要不断地、随时随地地、快速高效地学习。过去，一个人全部知识的 80% 是在学校学习阶段获得的，其余

20% 则依靠在工作阶段的学习；而现在完全相反，在学校学习到的知识不过占 20%，而 80% 的知识就需要你在漫长的一生中通过不断学习和实践获得。那种依靠在学校时学习到的知识就可以应付一切而受用终身的时代，已经一去不复返！”

学习不仅在学校里，它应该被当成一种“终身事业”。这也是哈佛大学希望学生能够坚守的行为习惯——在人生中的每时每刻都不忘学习。

勤奋与拼搏：竭尽全力才能有所收获

哈佛大学公开课教授迈克尔·桑德尔（Michael Sandel）来中国演讲时说过这样一段话："一块土地再肥沃，如果不去耕种，也长不出甜美的果实；一个人再聪明，如果不懂得勤奋，也目不识丁。"

古往今来，但凡有所作为的人，无论科学家、政治家还是文学家，都离不开"勤奋"二字。在竞争激烈的现代社会，你必须保证自己时刻都在努力进步，才能将竞争者甩在身后。今天你懒惰了，明天你将赶不上竞争对手，因为每个人都在前进，时刻也不停息。

苏格兰著名的散文家和历史学家托马斯·卡莱尔（Thomas Carlyle）说过："天才就是无止境刻苦勤奋的能力。"

不过，在现实生活中，我们经常会听到这样的抱怨：我没有什么学习天分！我不够聪明！我努力了就是学不好！我不如别人！事实真的如此吗？也许只有到了哈佛的校园里，你才能找到不一样的答案。哈佛学子用他们的实际行动告诉我们"天才出于勤奋"的道理。或许我们并没有太多的天赋，但是勤奋能够让我们变得出色起来。正如伟大的艺术家皮埃尔-奥古斯特·雷诺阿（Pierre-Auguste Renoir）所说的那样："假如你没有别人聪明，也没有什么特殊的能力，那么勤奋将会弥补你的不足；假如你拥有明确的目标，做事的方法也很恰当，那么勤奋将助你获得成功！"

美国历史上第一位华裔内阁成员赵小兰毕业于哈佛大学。她的求学之路异常艰辛，虽然一直被身边的人视为“天才”，但她从来没有放弃过勤奋与努力。

刚和父母来到美国时，她连一个英文单词都不认识，却被父母安排插班。那时的学习十分困难，她只能把老师讲解的内容用笔记本抄下来，晚上由父亲翻译成中文，方便理解和记忆。与此同时，父母还从最简单的英文字母开始，将每天的娱乐时间用来给她学习英文。

经过几年的勤奋学习，赵小兰的英文水平突飞猛进。她可以进行正常交流，也能听懂老师的课了。大学毕业之后，赵小兰同时被芝加哥大学、沃顿商学院和斯坦福大学等名校录取，不过她还是希望能够进入梦寐以求的哈佛大学，尽管每年哈佛录取女生的比例仅有5%。最终，赵小兰从千万竞争者中脱颖而出，被哈佛商学院企管硕士班录取了。

赵小兰对在哈佛求学期间的记忆十分深刻，每天早上八点开始，一直要上课到下午两点半，课后还没有休息的时间，因为要完成三项课题，就必须去图书馆找资料，每项课题至少要花费3个小时，因此每天都要忙碌到凌晨一两点才能休息。

虽然在哈佛求学的那几年很累很累，可那是赵小兰受益最多的几年。

在哈佛的毕业典礼上，赵小兰被评选为学生代表，带领毕业生队伍与哈佛告别。她是第一位获此殊荣的东方女学生。

赵小兰无疑是一个天才，不过在哈佛求学期间，她付出更多的还是勤奋与努力。也正是因为有了这样的品质，她才从一个连英文字母都不认识的小女孩，到哈佛硕士毕业，并且最终成为美国历史上的首位华裔内阁成员和劳工部长。

每个人都懂得勤奋的道理，可是真正能够用实际的行动去证明和诠释它的人少之又少。勤奋努力的学习之所以能够创造出天才，是因为其中包含着坚持与顽强，也包含着勇气与智慧。如果能够将这些品质结合起来，并且付诸现实的行动，那么你便拥有了成功的基础。

真正的勤奋是“竭尽全力”，而不是“尽力而为”。

通常情况下，我们所付出的勤奋与努力，与我们所得到的回报成正比。当我们感到学习有一定压力的时候，也许并没有竭尽全力。“尽力而为”与“竭尽全力”是存在差别的，前者发挥了自己的能力，后者却让自己的潜能得到了充分的开发。

因此，我们在做任何事情时都应该明白一点，那就是“尽力而为”是远远不够的，这样只能说明你比一般人付出得更多，却无法让自己超越平庸的界限。只有“竭尽全力”，让自己的潜能得到充分的发挥，你才能取得更突出的成功！

中国有一个成语叫“户枢不蠹”，意思是说，如果我们的门轴经常转动，就不会被虫蛀蚀。这就是说经常运动的东西不容易腐坏，我们的大脑就是如此，勤于动脑，才能更加聪明。青少年正处于大脑活跃期，如果没有让脑细胞活跃起来，就会陷入一种低沉的抑制状态，时间久了，自然会造成不可逆转的现象。

在应该拼搏的年纪，就应该努力向前，而不是对惰性投降。

心理学家将人的惰性分成两种，一是行为上的惰性，二是思想上的惰性。

行为上的惰性比较容易被察觉，要克服也比较容易。发现自己没有在规定的时间内完成某项任务，或者行为上有偷懒的现象，我们只要进行相应的纠正就可以了。

思想上的惰性更加可怕一些，它就像一种慢性疾病一样，在无形中影响我们的思想。我们看到有人表面上整天都在忙碌，似乎一点儿也不懒惰，可是收集了信息却发现不了问题，发现了问题也没有立刻采取行动去想办法解决。由于很少动脑思考，这些人大脑始终处于封闭状态，有的人工作好几年了，水平一点儿也没有得到提高。由于惰性思维的影响，他们没有实现自我突破，也没有进行自我约束。

人的惰性行为很多时候也会受到外界因素的影响，如果外部环境“允许”，人的惰性就越严重。

当你养成勤劳的习惯时，惰性行为自然就会烟消云散了。因为一个人在勤奋做事的时候，行为和意念都是统一的，类似懒惰这样的消极行为一般都没有潜入的机会，更不可能影响到我们的生活与工作。在勤奋努力的同时，你最好运用最积极的方式进行自我肯定，比如你可以说“我会变得越来越勤奋的”，而不能说“我再也不偷懒了”。

这样的自我暗示能够给你积极的力量，让你克服拖延与懒惰。

汲取知识：哈佛最贵重的资产

哈佛大学的第 2 任校长亨利·邓斯特（Henry Dunster）经常对学生们说："祈祷，然后去学习！"

哈佛学子最大的信仰，就是知识。新生进入哈佛大学后要学习的第一件事情，就是培养从图书馆里查找与自己所学课程相关书籍的能力。平时，哈佛的图书馆里总有无数学生走动，他们徜徉在知识的海洋中，享受着汲取知识的快乐。

我们都知道，每个人的认知不同，所看到的世界也不同，而知识结构决定了一个人的眼界高低。无知的人就像井底之蛙，看到的永远只有那一小方天空；知识渊博的人却像空中之鸟，自由翱翔于广阔的天际。

日积月累的知识会以无形的状态保存在大脑中，在需要的时候，大脑会分析、筛选、总结这些知识，最后得出最好的生产劳动方法。这便是知识的产生过程和利用价值。

进入哈佛大学就读的学子，他们的学业是十分繁重的，竞争也是十分残酷的。比如哈佛商学院采用的学制是两年制，在第一学年，学生的课程安排非常繁重，主修课程达到了 11 门，而学校规定一年级的学生成绩中，最少有 10 个

“良”，如果成绩单中出现的“及格”和“不及格”超过了8个，那么这些学生就“触网”了，他们若想直接进入到二年级学习，需要向成绩委员会递交请求，成绩委员会会根据学生的请求、“触网”的原因以及教授的评价来决定是否通过。请求通过的学生可以继续升学，没有通过的学生就要被迫退学，但是这些退学的学生还有权利再次申请到哈佛大学读书。

事实上，每年“触网”的人数都低于5名，但是这并不意味着每个人都不会因“触网”而离开学校，相反，就算只有5个人会被淘汰，这种威胁还是巨大的。因为评分不是以整个年级来划分范围，而是在班上按照百分比进行分配的，我们都知道即使是一群智者同行，也会有落后的一名，所以学生们面临的挑战是无时无刻不存在的。为了不致在残酷的竞争中被淘汰出局，许多学生每天学习的时间超过了13个小时，最多的达到18个小时，他们在凌晨一两点钟睡去，还要在第二天的八点半赶去上课，可以说每天大脑都很疲惫。

由此可见，哈佛学子的学习任务有多么繁重，竞争有多么残酷。这里的竞争无时无刻不在，永远让人处在极度的紧张和疲惫当中。然而在学习强度如此大的哈佛大学，虽然学生们承受了巨大的学习压力，但学校并不提倡学生用学习去占据所有的时间。学校认为学生在学习时要竭尽全力，但是也不能忽视“玩”的重要性。所以，哈佛学子的课余生活同样精彩。

学习要一步一个脚印，知识要一点一滴积累。

很多人在努力寻找成功的最佳途径，事实上，成功最好的方法就是学习。

通过学习，我们能够不断扩充大脑中的知识量，而丰富的知识能够帮助我们找到通向成功的道路，并最终帮助我们打开成功的大门。哈佛大学之所以可以闻名世界，是因为这里培养出的学子们都拥有丰富的知识，他们用知识武装了自己，改变了世界。

不过，我们在汲取知识的过程中也需要记住一点：学习要一步一个脚印，知识要一点一滴积累。虽然知识是通向成功的捷径，但是获得知识没有捷径。因此在求学的路上，我们必须一步一个脚印、踏踏实实地努力学习。“书山有路勤为径，学海无涯苦作舟”，只要勤奋学习，我们就会收获更多的知识，同样也会收获更多的财富。愿朋友们尽情遨游在知识王国中，一同享受成功的喜悦。

“忙完秋收忙秋种，学习，学习，再学习。”这是一句广泛流传在哈佛大学的话。这句话充分说明了学习的重要性。我们也可以看出即使是身处哈佛大学的“天之骄子”也要不停地学习，只有这样他们才会与时俱进。

学习贵在坚持，我们只有不停地学习，才能有所进步。所以我们每天只学习一两个小时，胜过一天学习六七个小时后，间断好多天再学习。

学习是一个循序渐进的过程，连贯的学习有助于巩固我们已经学到的知识，同时也在刺激我们的大脑不断掌握并吸收新知识。如果学习不能做到持之以恒，那么我们很难享受到成功的喜悦。半途而废不仅是意志薄弱的表现，同时也证明你是一个行动上的矮子，不能坚持长久的实际行动，最终会被成功拒之千里之外。

知识不应该放在大脑中，而应该被转化应用于现实之中。

我们发现很多从哈佛大学毕业的人成了社会的成功人士。因为他们懂得如何学以致用，能够将所学应用到现实中去。哈佛大学培养了一批智者，因为他们懂得一个道理：只有反复应用所学，才能掌握真才实学。

那么我们在学习时如何将学习到的知识转变为应用能力呢？我们可以尝试通过以下几个方法来提高自己应用知识的能力：

1．积极思考

无论是学习新知识，还是复习旧知识，思考能够让我们收获更多。

2．解决问题

解决问题的方法并不是单一的，因此即使是过去解决了的问题，我们也可以尝试用其他方法去解决。而在解决新问题时，我们的大脑更是会高速运转起来，因为大脑神经受到了全新的刺激，此时会积极调用大脑储备的知识。

当你真正懂得学习的真谛后，便能获得精神上的极度愉悦。

一个知识贫乏的人看到的世界也是空白的，并且在空白中无聊度日。而一个知识渊博的人，能够看到世界的无限风光，并且在知识的海洋里找到属于自己的快乐。

英国散文作家威廉·哈兹里特（William Hazlitt）说："书能潜移默化地改变人们的内心，诗歌熏陶人们的气质品性。少小所习，老大不忘。"对求知欲很强的人来说，获取知识本身就是一种享受。你可以在历史中穿梭，在宇宙中遨游，也可以走遍地球的每一个角落，欣赏到各地风光。

知识是开阔人们思维的宝典，它除了在实际生活中做你的好帮手，还可以在精神上给予你愉悦，在心灵上给予你抚慰。正如西格蒙德·弗洛伊德（Sigmund Freud）所说："人们追求幸福有消极和积极两种方式，消极的方式旨在追求感官刺激，积极的方式旨在消除痛苦和不愉快。"

获取知识就是制造快乐，同时也为你日后成为强者打好基础。

正视无知：你不可能知道世界上所有的事

“你所知的越多，未知的就越多。”

这是一个哲学上的论题。一个人如果拥有了渊博的学识，并且智慧通达，他从来不会觉得自己“知道”很多，更不会轻易下定论，反而会认为自己“知道”的东西太少，能够坦然面对自己的无知，也能容纳有别于自己的真知。这或许才是智者的象征。

中国有一句古话：“人非生而知之者，孰能无惑？”人类对于知识的摄取是十分有限的，而知识本身浩瀚而无穷尽。即使再博学多才的人，也有自己的知识盲区，因此大方承认自己不懂、不会，也不是什么丢脸的事情。相反，那些不懂装懂的人，才显得更加愚昧无知。

所以，在很多时候，我们正视自己的无知，才能让自己知道更多。

很多人认识娜塔莉·波特曼（Natalie Portman）都是从《这个杀手不太冷》里那个会抽烟的小女孩开始的。那时她才 11 岁，在电影中的表现便得到了专业影评人的认可。18 岁那年，她因为出演《星球大战》获得了金球奖提名，在演艺事业上可谓平步青云。

正当所有人都以为她将继续自己的演艺事业时，她却以全 A 的成绩接到了哈佛大学心理学系的录取通知书，从电影界的新星变成了哈佛学霸。她在哈佛深造的几年里，学识和演技都得到了提升，这也是自我修炼的过程。

从哈佛毕业以后，她凭借在《黑天鹅》中的出色表现，摘得了奥斯卡最佳女主角的桂冠。之后，她又自编自导自演了一部电影《爱与黑暗的故事》，并且在戛纳电影节上备受好评。

2015 年，她被邀请回哈佛大学做了毕业演讲。她用自己的亲身经历告诉毕业生们："正视自己的无知，并把它转化为财富。"很多人说她是学霸，她却认为自己"无知"。

她回忆说："在刚进入哈佛大学的时候，我完全应付不过来，我觉得一周要读完 1000 页的书完全是不可能的，而要写出 50 页的文章是我永远也不可能做到的。当我看到身边的同学说出'哈佛的作业太简单了'的时候，我简直吓坏了。那时，我觉得自己特别无知……"

或许正是因为自己"无知"，所以她才有了更多学习的动力，才能填补更多的知识盲区。娜塔莉·波特曼是真的无知吗？并不是。很多人对她的评价是：和一般的美国人相比，她智商非常出众；和一般的美国大学生相比，她仍然非常出众；即使是与一般的哈佛学子相比，她也毫不逊色！她正视自己的无知，并且懂得将无知转化为财富。

真正的无知者，既不了解自己，也不了解外面的世界。

著名荷兰哲学家贝内迪特·斯宾诺莎（Benedictus Spinoza）在谈论"无知"时，曾经有过这样一段著名的言论："无知的人不仅在各方面受到外部原因的扰乱，从未享受灵魂的真正和平，而且过着对上帝、对万物似乎一概无知的生活，活着也是受苦，一旦不再受苦了，也就不再存在了。另一方面，有知的人，在他有知的范围内，简直可以不动心，而且由于理解他自己、上帝、万物都有一定的永恒的必然性，他也就永远存在，永远享受灵魂的和平。”

在斯宾诺莎看来，真正的无知者，既不了解自己，也不了解外面的世界，就像“墙头草”一样会随着外力左右摇摆，自己也无所谓灵魂的真正和平；而有知者既了解自己，也了解外面的世界，生活里也总是有自己的思想与认识，所以他们活得快乐，并且拥有信仰。

当然，现实中无知者与有知者并没有如此泾渭分明，因为有的人总以为自己知道得很多，却不愿意接受自己“无知”的事实。于是，他们满足于“知道”的错觉，停止对知识的获取，就那样迷迷糊糊地生活着，还以为自己活得很清醒、很有意义。

你要知道什么是核心竞争力，并不是知识越多越优秀。

很多人有一个误区，以为自己学的知识越多，就越优秀。获取更多的知识，确实能让你的能力得到提升，但如果只是门门略懂，样样浮于表面，这样的“全才”也不能称为优秀。

从人类知识的存储量来看，现在短短一百年产生的知识量，已超过从前几百万年的总和，未来人类的知识总量还会越来越多。而人的大脑运作能力是十分有限的，人们想用有限的精力去获取无限的知识，显然有点儿不切实际。因此，人类社会才出现了“分科治学”，社会分工也越来越专业化和细致化，这都说明现代社会需要的是“专业性人才”，讲究的是“核心竞争力”。

投资界权威人物沃伦·E. 巴菲特（Warren E. Buffett）曾说：“我只投资我看得懂的公司。”尽管他与蓬勃发展的互联网大潮擦肩而过，但他仍旧是股票投资界的泰斗，仍旧是世界上最成功的投资家之一。因为他只会将自己有限的精力集中在有限的事情上，只专注于自己了解的领域。对于其他领域的知识，他可能了解不多，但他并不会觉得自己无知。

再看看我们身边，总有一些年轻人不满足于“专一职业”，于是涉足多个行业，拥有多重身份，过着多元化的生活，他们自诩为“斜杠青年”，却无一精通。他们在任何领域停留的时间都不长，对于知识的获取也只是浅尝辄止，这样的“全才”优秀吗?

如果总是游离在不同的领域，哪怕花费了大量时间去学习与工作，真正能够进入脑子里的东西也少之又少，因为你始终在“蹚水”，而没有潜入那个领域的“深水区”。

一个人所获取的知识量只是知识体系的广度，而对于已有知识的精通程度是知识体系的深度。所以真正优秀的“全才”，应该以知识体系的广度为基础，以知识体系的深度为发展方向，先“全面”再“专注”，建立在“全才”基础上的“专才”才是这个时代所需要的人才。

这也是哈佛大学“核心课程”的设计初衷：开始研究“树木”之前，先将“森林”的地图印在自己的大脑中；有了“森林”的地图之后，再研究“树木”的细枝末节。

努力才会优秀：世界会为奋斗的人让路

那些到过哈佛的人，都会被哈佛学子身上那种勤奋和努力的特质震撼。世界顶级学府的氛围就是，哪怕到了深夜，教室、图书馆、实验室里都有学生在奋力前行。

在哈佛，时常可以看到学生一边啃着面包，一边拿着书本忘我地学习。到底是什么精神，让哈佛学子不分昼夜地学习，即使面对种种诱惑也能够安心坐下来看书呢？如果没有强大的自控力和坚强的意志力，哈佛学子又如何能够做到如此努力呢？

一位名叫“Zhu”的哈佛学子在网上分享了这样的学习日常。

他说：“我马上就要成为‘大三党’了，在哈佛度过了一半的大学时光，此刻内心有一种怀旧的感觉，无论如何，对我而言，这都是一个自我反省的好机会……同时，在这个时间点给大家展示一下我的大学生活再适合不过了……”

Zhu给自己制订了每日计划，他选择将自己每天要做的事情写在纸质日历上，而不是输入谷歌日历。他在纸质日历上划分出六个区域，每天占一个区域，这样每天要做的事情就可以有对应的区域，这就是他的周计划了。

他是如何实施自己的周计划的呢？首先在本子上写下自己的计划，完成一件就画掉一件，这个过程能让他的内心产生一种满足感，他也能真切感受到每天在校园内度过的时光。

最后，他分享了自己写在纸质日历上最具代表性的一周的日常安排：

1. 学术。他在哈佛修哲学和政府双学位，每个专业都要分别修两年的课程；另外还有两门课程，一个是政治理论简介，另一个是政治研究方法，其中有三节课都要写论文。所以，一周大多数时间他在忙着读书写文章，有几份作业截止日期到了，简直忙得要死了！

2. 课外活动。这一周他还要参加超多的社团活动：一份工作，一份学期的实习，一个女学生联谊会，一堆专业预备组织，一个文人晚餐会，等等。

3. 社交活动。这周他还有 8 次和朋友一起吃饭的安排。周六晚上的舞蹈秀是学生的华丽大秀，每年都一票难求！周五到周六之间他会参加 4 个派对。周末就放松一下，每两周出去玩一次释放压力，否则他感觉这种快节奏的生活要把自己逼疯了。

一周的活动这么多，他是怎么度过的呢？答案是熬夜。他坦言自己在一周里可能会熬夜好几次，有时直到清晨，直接透过窗户看到了日出！

这就是哈佛学子所付出的努力！如果你有梦想需要实现，必须会面对各种困难与问题，所以你只能坚持，不断努力，为自己赢得更多的可能性。无论什么时候，坚持就会靠近希望，坚持就会消耗逆境的影响力，而天平总是会倾向真诚和努力的那一方。

人的差异在于业余时间，努力就是时刻向前，永不停歇。

哈佛大学里一直流传着这样一种说法：一个人是否能够获得成功，完全取决于他在业余时间是否足够勤奋！如果你能够在每晚抽出2个小时来阅读书籍、学习功课、参加一些有意义的讨论或者演讲，那么你就会发现自己的人生正在发生质的改变。如果你能将这一习惯坚持数年，成功也就触手可及了。

每个人每天的工作时间相差无几，付出与回报也差不多。在这样的情况之下，想要改变自己的人生，你就要付出更多的努力才行。当别人利用业余时间休闲娱乐的时候，你就必须利用这些时间来学习充电，不断为自己增加筹码，直到成功来临。要知道，上天是公平的，每个人出生的时候都一样，别人能够获得成功，是因为别人付出了更多的努力。

有人说鲁迅先生是一位难得的天才，可是他自己不这样认为。在他看来，世界上根本就不存在天才，而他之所以可以取得那样的成就，只是因为他将别人喝咖啡的时间用在了工作上。在一篇文章中，他这样写道："其实即使天才，在生下来的时候第一声啼哭，也和平常的儿童一样，绝不会就是一首好诗。"

如果哈佛大学是所有优秀学生的起跑线，那么在哈佛学习的努力程度，将决定他们日后获得多大的成就。能够进入哈佛大学深造的人，肯定都拥有过人的天赋，可是哈佛的每一位学子仍然要拼命地学习，因为他们都明白：最优秀的人，往往是最努力的人。

在应该努力的年纪，绝不能优柔寡断，只有适应成长，才能自我蜕变。

在这个竞争激烈的时代，谁能够无所顾忌、勇往直前，谁就是胜利者。而那些优柔寡断的人，只会落后，然后被无情地淘汰。

所以，当你面对人生中稍纵即逝的机遇时，应该当机立断，迅速做出决策，该拼搏就拼搏。因为行为上的迟缓不仅会增加决定的错误概率，还会导致宝贵机遇的错失。

《哈姆雷特》中有这样一句话："重重的顾虑使我们全变成懦夫，决心的炽热光彩，被审慎的思维盖上了一层灰色。伟大的事情在这种考虑下，也会逆流而退，失去了行动的意义。"有时候小心谨慎并不是坏事，有时候你却应该放下过多的思考，勇往直前。

成长本来就是痛苦的，因为那是一个不断剥落、不断愈合的过程。这样的蜕变不仅需要顽强的忍耐力，还需要付出巨大的代价。

这时候，你要做的是给自己足够多的勇气，而不是处处优柔寡断。

在做一件事情之前，你想要考虑得绝对周全，准备得面面俱到，几乎是不可能的事情。正如美国励志大师拿破仑·希尔（Napoleon Hill）所说："不要等到万事俱备以后才去做，永远没有绝对完美的事。如果要等所有条件都具备以后才去做，那就只能永远等待下去。"

你只有不断努力，才会让自己变得优秀，这个世界也会为奋斗的人让路！

哈佛的奋进精神：坚持理想并有实现的决心

2019 年 3 月 20 日，哈佛大学第 29 任校长劳伦斯·S. 巴考来北大做访问交流，并且在“大学堂北大讲坛”发表了一次著名的演讲，名为《真理的追求与大学的使命》。

劳伦斯·S. 巴考出生于美国一个普通的移民家庭，本科就读于麻省理工学院，后来到哈佛大学攻读研究生，曾担任塔夫茨大学校长、麻省理工学院校务委员会主席。

2018 年 7 月，劳伦斯·S. 巴考成为哈佛新一任的校长，名气也越来越大。

在谈到哈佛与北大之间的联系时，劳伦斯·S. 巴考说：“哈佛和北大都有着对高等教育的坚定信念，两校的学生和学者之间有着深厚的联系和紧密的合作。无论是艺术和建筑，医学和公共卫生，还是工程和环境科学，它们在各个领域中共同创造的知识，都将让世界变得更加美好。”

有人问他，哈佛的成功秘诀是什么？他回答说：“人们常常问我哈佛成功的秘诀。我们所有的成功，都是在他人的帮助下实现的。如果没有全球其他优秀高等院校的挑战和激励，如果不能向同行学习、与他人合作，我们绝不会像现在这么成功。”

在演讲的最后，他满怀期待地说道："我希望中国以及世界各地的青年们都能理解这样一个简单的道理：如果你想要有所成就，教育将帮助你实现梦想。"

这是哈佛校长对于梦想的解读：只有接受教育，通过学习，积累知识，才能实现自己的梦想。知识是人类进步的桥梁，一个人如果知识匮乏，那他永远也得不到进步。

现代社会的强者，都知道有意识地积累知识，开拓自己的眼界，增长自己的见识。拥有知识的人是幸福的，因为知识的强大力量能够帮助我们战胜一切困难。

世界的构造，科学的发展，社会的进步，都存在一定的规律性。只有强大的知识才能帮我们看清事物的内在，遇到问题也能够轻松解决。相反，如果不注意知识的积累，当问题出现时，我们就会一筹莫展，最后与成功失之交臂。

哲学家弗朗西斯·培根（Francis Bacon）曾经说过："知识就是力量！"

世界上许多伟大的人，他们并没有强健过人的体质，也没有聪明过人的天资，但是通过不断学习，不断积累丰富的知识，他们战胜一切，最终实现了自己的梦想，成了人类中的强者。

实现梦想需要自我激励——相信并时常鼓励自己。

哈佛大学的威廉·詹姆士（William James）教授发现，一个没有受过激励的人，仅能发挥其能力的 20% ～ 30%，而当他受到激励时，其能力可发挥至 80% ～ 90%，即一个人在得到充分的激励后，所发挥的作用相当于激励前的 3 ～ 4 倍。可见，自我激励对实现梦想是至关重要的，甚至可以说，人的一切行为都是受激励后产生的。通过不断的激励，一个人发挥出自己的内在潜能，然后促使自己朝向梦想努力，并最终登上成功的顶峰。

一个人想要获得成功，必须先有梦想，并对自己的梦想加以肯定，进行正面的自我宣言，不断地教育自己、塑造自己、激励自己。成功永远属于那些拥有梦想，并敢于为梦想而奋斗的人。假如你已经有了属于自己的梦想，无论如何，这都是一件值得高兴的事情。这证明你已经拥有了目标，有了成功的渴望，这是值得庆贺的。接下来就看行动了。

永远不要轻视信念的力量，永远不要放弃坚持理想的决心。

一个人的行为总是会受到信念的支配，而我们能够创造出来的结果，又是通过行为产生的。因此，哈佛校园里一直流传着这样一句话："你有什么样的信念，就会促成什么样的结果。"

如果我们从字面上来解释"信念"二字，也会得到有趣的结果："信"就是自己说过的话，"念"就是今天的心，"信念"就是"今天我的心对自己说的话"！

你是否还拥有自己的梦想，抑或被生活所埋没，将梦想深藏于心底，不敢轻易说出来，更没有为之付出行动呢？作为青少年，最不应该缺乏的就是理想，只要不放弃自己的理想与信念，并持之以恒地付出努力，就一定能获得成功，收获一个美好的人生。

优秀的梦想家不会整天抱着饭碗空想，而会用实际行动走向人生的舞台。

著名的西点军校有这样一句名言："在放弃之前，先问问自己是否真的已经竭尽全力。"

人们经常会成为空想的俘虏，整天幻想着自己有一天能够摆脱一切束缚，去世界的尽头看看；自己会努力存钱，开一家属于自己的咖啡厅；辞掉工作去环游世界……

结果人们又如何对待自己的这些"梦想"呢？可能从未出过

远门，可能一直没有存到钱，可能一直困在工作中，为了工作而工作……这不是很可悲吗？

《拆掉思维里的墙》中有这样一段话："如果你有一个梦想，那就去捍卫它；如果你有一个目标，那就去争取它。走起来！当你走在人生之路上，没有必要去羡慕那些走在高处的人，也没有必要轻视那些走在你后面的人。因为，成功不是生命的高度，成功是生命的速度。成功在你此刻的脚下，成功就是越走越近。"

成功就是越走越近，这可能是对成功最好的定义。

第八章

沟通是质变的起点：从今天开始编织人脉

有效沟通：哈佛人从来不会输在表达上

在大多数人看来，沟通是一件极其简单的事情，似乎只要张嘴表达自己的想法就可以了。但当沟通陷入困局的时候，人们又不知道如何去解决，原本简单的问题也变得复杂了。

随着现代科技的发展，我们足不出户，便能与外界沟通；无须用脚步去丈量大地，也能知晓各地奇闻；不用走进购物商场，也能买到自己想要的东西……

在娱乐信息化时代，电子通信技术飞速发展，似乎让人与人之间的沟通变得越来越简单，无论是社交网络的飞跃式发展，还是我们身边越来越多的服务 AI 化，抑或是即将迎来的 5G 时代，都将最大限度地消除人与人之间的沟通障碍。

不过，现实的情况却让人有些头疼：在现代科技飞速发展的今天，许多人根本找不到虚拟网络与现实世界的平衡点，多样化的沟通方式反而让语言的功能性变得越来越薄弱，人与人之间的语言沟通和表达，正走向一个不被需要的尴尬境地。

正因为如此，现代人才面临着越来越多的沟通问题。

哈佛大学也很重视培养学生的沟通力，每一位哈佛学子都深知沟通的重要性，更不会让自己输在表达上。懂得沟通的人，无论做什么事情都如鱼得水、游刃有余。

大文豪列夫·托尔斯泰（Lev Tolstoy）就曾说过："与人交谈一次，往往比多年闭门劳作更能启发心智。思想必定是在与人交往中产生，而在孤独中进行加工和表达。"

有一位年轻人被哈佛录取了，不过因为他从小生活在一个较为沉闷的环境中，所以性格比较内向，也不善于与人沟通。在上课的时候，即使自己有些地方没有听懂，或者存在一些疑惑及异议，他也没有勇气向教授请教；随着学习的深入，他在学术上有很好的见解，也没有勇气表达出来，这让他万分苦恼。后来，他遇到了哈佛大学心理学教授泰勒·本－沙哈尔，情况才有所改善。本－沙哈尔教授说："你拥有满腹才华，却因为不懂得沟通而无法施展，所以你必须鼓起勇气，提高自己的沟通力。"在本－沙哈尔教授的不断鼓励和再三引导下，他终于有勇气在同学、教授和一些专家面前表达自己的想法，并且很快在学术上获得了巨大的成就。

在日常生活、学习和工作中，我们时时刻刻都需要沟通。很多时候，并不是我们没有能力或者没有才华，而是我们沟通出了问题。现代心理学家和人际专家将沟通分为三个层次，深刻地理解这三个层次，能够帮助我们了解自己正处于哪个沟通段位，自己的沟通能力如何。

层次一：完整、正确地传递信息

沟通最基础的层面是信息的传递。完整、正确地传递信息是沟通的第一步，大多数人处在此阶段。古人都知道"巧妇难为无米之炊"的道理。如果没有完整、正确地传递信息，沟通将无从谈起。哪怕是经验丰富的公司高管，也需要接受自下而上的信息传递，而无法凭空做出决策。下达任务也是如此，必须由上而下地传递信息。

层次二：主动表达自己的观点和方案

当我们具备最基础的传递信息的能力之后，就要进入沟通的第二个层次——主动表达自己的观点和方案。每个人想法都不一样，各自拥有不同的观点。你必须学会主动表达自己的观点和方案，这样才能在必要的时候占据沟通的制高点。

层次三：说服和赢得支持

沟通的最终目的是什么？当然不是追求沟通时间的长短和沟通次数的多少，而是让对方接受并支持我们的建议。如果我们的用意是说服对方，就要从对方的需求出发。若从自己的所思所想出发，即便你情怀无限，也不容易被认同。

在了解完沟通的三个层次之后，我们还必须学习一些必要的沟通技巧。虽然这方面的书籍数不胜数，但真正有利于我们的、能够应用到实际沟通中的并不多。事实上，任何一次沟通都可以简单地分为开场、过程和结尾三个部分。

请注意，你的开场白将决定沟通的基调。

一段好的开场白，能够引起对方的好奇心，能够激发对方的聊天欲望，还能够体现出自己的学识、能力、风度、志趣等。所以，高效沟通的第一个重点就是说好你的开场白。

让我们来看看马云在“2018 世界人工智能大会”上一段经典的开场白：

“今天到全世界去，在任何地方都在讨论人工智能，从一种技术的概念到今天确定成为一场势必影响人类未来生活的一场巨大的技术革命，我相信就像今天的世界一样，我们对这场技术革命有期待，有担心，有希望，也有困惑。”

短短几句话的开场白，既说明了 AI 技术的发展现状和宏大远景，又将科技发展与人类未来生活紧密联系在一起，最后将希望、担心和困惑放在“我们”自己身上——从远大的世界观缩小到个体感受，给观众留下极为深刻的印象。这样经典的开场白，让马云迅速成为全场的聚焦点，也充分展示了这位互联网大咖的眼界格局与演讲实力！

在沟通的过程中，要学会承上启下。

所谓沟通，就是让原本不相通的事物变得相通，将不相连的事物连接起来，让个体信息相互交流。为了让沟通更加和谐、顺畅，在开展实际对话之前，你必须做好充分的准备。只有熟练地掌握了承上启下的工具式沟通，你才能让你们的对话从浅水区迈向深水区，才能让聊天从一个话题完美转向另一个话题。

比如你在讲述一个故事的时候，为了不让故事脱节，你必须学会承上启下的工具式沟通，让故事的高低起落、转折过渡都显得自然而然，而不会过于突兀。

在沟通的最后，给对方留下想象的空间。

有人做过这样的比喻：开场白就像沟通中的开胃小菜，能唤起对方的沟通欲望，而好的结束语像饭后清茶，能够洗净油腻，让人满口留香。

心理学家将沟通中的开场白与结束语称为“记忆符号”，一个人的记忆与印象都会受到“记忆的系列位置”的深刻影响，而一件事情从发生到结束的整个过程中，开始和结尾是最重要的两个“记忆符号”，它们甚至会起到左右整个记忆的作用。所以，在沟通的最后，你一定要给听众留下很多想象与思考的空间，给听众一种“言尽而意未绝”的效果。

法国思想家蒙田[1]说过："语言是一种工具，通过它，我们的意愿和思想就得到交流，它是我们灵魂的解释者。"在崭新的时代，我们必须具备高效的沟通力，这样才能拥有与时俱进的力量，时间在不断流逝，我们也要不断进步。

1 蒙田，外文全称为Michel Eyquem de Montaigne，法国文艺复兴后期人文主义思想家、作家、怀疑论者。主要作品有《蒙田意大利之旅》《随笔集》《热爱生命》。

善于提问：总是被忽略的学习技巧

哈佛大学里流传着这样一句名言：“教育的真正目的就是让人不断地提出问题、思索问题。”

沟通就是有问有答，除了表达，提问在沟通中也占据着重要的作用。它是挖掘更重要的相关消息的必用的手段和方法。如果说沟通是一道方程式，那么提问就是解方程。提问的好坏很大程度上决定着沟通的质量以及沟通的效果。

提问提得好，不仅能让对方乐于继续沟通下去，自己还可以在沟通中占据主导地位；提问提得不好，沟通可能会中断，自己也会比较被动。你的口才很好，舌灿莲花，你也很善于倾听，但如果你不会提问，很可能一开口说出一些不合时宜的话或者一些无法引导对方继续谈下去的话，导致瞬间冷场，让沟通无法继续下去。

哈佛大学教育专家托尼·瓦格纳（Tony Wagner）曾提出未来年轻人必须具备的“七项基本生存能力”，它们分别是批判性思维和问题解决能力、协作和领导能力、灵活性和适应能力、获取和分析信息的能力、有效的口头和书面沟通能力、好奇心和想象力。

托尼·瓦格纳教授将“沟通能力”也列入了未来年轻人必

备的“七项基本生存能力”的行列中，他还特别强调沟通中的“提问”的重要性，尤其是在教育方面。托尼·瓦格纳教授说：“孩子们在很小的时候，会提各种各样的问题。家长需要做的，就是珍视孩子们提出的问题，鼓励他们继续提出各种各样的好问题。千万不要忽略提问题这件事的价值。”

在日常生活中，我们每天都会提出各种各样的问题，比如“你今天早上吃什么？”“你是否喜欢经济学？”“你在课本上乱写什么东西？”“你想怎样度过自己的一生？”同样，在沟通中除了谈话，我们还应该学会提问，这也是常被人们忽略的一种技巧。

前段时间，有一条推特火了，点赞的人数有好几十万，它的内容是这样的：

“最近我渐渐把‘这件事为什么要发生在我身上？’的想法，替换成‘这件事想要教会我什么？’，然后我发现身边的一切都改变了。”

有一些网友在评论中说道：“这句话改变了我的生活，让我重新燃起了对生活的希望。”事实上，真正改变他生活的并不是这句话，而是“提问的方式”。

如果你提出的问题是“这件事为什么要发生在我身上？”那么，只会将自己带入负面消极的联想中，感觉那句话是在宣泄一种情绪，而你得到的答案也会是负面消极的，比如“我的运气不好”“我的能力太差”“我实在过得很不好”“没有人会喜欢我”等等。

相反，如果你提出的问题是“这件事想要教会我什么？”，则会将人带入正面的思考中，人们会很自然地联想到，哪怕是一件很坏的事情，但是它教会了我们什么，给我们提供了宝贵的经历与经验，它也会变成一件具有价值的“坏事”。

同一件事情，由于提问的方式不同，产生了不同的效果。前者消极，后者积极；前者像是情绪的宣泄，而后者让自我得到提升。

在沟通交流中，提问是必不可少的重要环节，很多人穷极一生去寻找人生的答案，却不知道自己提出的问题本身就是错误的——朝着错误方向奔跑的人，永远也到不了目的地。

提问也不是多问、勤问就是好的。提问也是有讲究的，问的时机、重点、频率、速度等都至关重要。提问要适时，把握好时机；提问要适度，内容要适度，速度要适度，数量也要适度。比如你提出的问题不具体，答案涉及的范围很大，那么对方可能很难做出回答。

那么，我们应该如何提出一个具体而优质的问题呢？

在《学会提问》一书中，尼尔·布朗（Neil Browne）和斯图尔特·基利（Stuart Keeley）给我们总结了一套简单易学的提问方法——5W1H与3V组合提问法，适合每一个人学习和借鉴。

1. 什么是5W1H

Who：谁？

When：什么时候？

Where：在哪里？

What：做什么？

Why：为什么？

How：怎样？

2. 什么是3V

Vision（愿景），就是一个人希望达到的状态、真正渴望得到的东西。

Value（价值），就是一个人在判断事物时所重视的价值观。

Vocabulary（常用语），就是一个人在平时的对话中的常用词语。

通过5W1H与3V组合提问法，我们能够更好地剖析事物，抛弃复杂的表象，从而提出具体而优质的问题。5W1H与3V组合提问法看起来就像堆积木一样，能够帮助我们提出许多有价值的问题，还能够帮助我们进行自我挖掘，并且让我们进入深度思考。

美国“批判性思维国家高层理事会”主席理查德·保罗（Richard Paul）说过：“一个不善于提问的人不会成为优秀的批判性思维者，答案不能推动思维的发展，真正能推动思维发展的是问题。很多人之所以浑浑噩噩地活着，并不是因为缺少一个一针见血的回答，而是没有一个让人醍醐灌顶的问题，把他们从惯有的思维中拉出来。”

哈佛学子从来不会放弃每一次提问的机会，当他们在课堂上产生疑惑的时候，当他们发现某个不确定的事物时，他们都会通过提问的方式寻求解答。学会正确提问，让自己的问题变得更加具体和优质，这样才更容易找到“核心答案”，沟通才会变得更加简单。

共同进退：有竞争才会有突破

我们的一生中会遇到许多竞争对手，有的会成为我们的敌人，有的会成为我们的朋友。

或许你曾想过无数种方法让自己的对手消失，但是有一种方法绝对值得你去做，就是将对手当成你的朋友。想要做到这点也并不是什么难事，你只要以宽容之心包容你的对手，以共赢为目标就行了。这样你自然会得到对手的青睐，并且让其成为你的朋友。

相反，如果你总是以抵抗的心理面对你的对手，那么你与对手的损失可能会升到顶点，最后两败俱伤。因此，为了和对手共同进步，获得双赢，你要学会将对手当作朋友，这样你会少一个对手，同时也让各自的事业达到顶峰。

如果我们将目光放得长远一点儿就会发现，不仅人与人之间需要共同进退，在竞争中获得发展，公司与公司、组织与组织，甚至国家与国家，都需要这样的良性竞争。

哈佛大学也是一个充满竞争的地方。每一位哈佛学子都知道自己身边有无数的竞争者，所以他们进入哈佛大学后的首要任务就是搞清楚自己能够做什么，不能做什么，什么是选修课，什么是必修课，然后根据个人的特点来制订整个学

韦秀英 著

哈佛高效学习法

——如何利用好凌晨四点半的理念

Learning Method

周、每天的计划。

之后，他们便要争分夺秒地去实行，稍有松

超越。

哈佛的学霸回忆自己的求学生涯时说：“你

的速度去飞速地奔跑。否则的话，你会被甩

一家跨国公司当经理，哈佛教会他与身边

退，在竞争中获得发展与进步，如今事业如

了有哈佛的求学经历。

一种被极力推广的教学模式，那就是“业务

‘业务演练”中会按“公司”分组，然后这

烈的竞争。虽然“公司”是虚拟的，但其

异，所以在“业务演练”中，学生的各种

很清楚，在残酷的竞争之下，以往的成

资本，稍有落后就意味着被淘汰。在竞争

力都施展出来了，比如文化水平、科学大

，自己的各种潜能也得到了激发，虽然时

在进步。

竞争双方共同进步，恶性竞争会让竞争双方两

都拥有同样的机遇，你身边的朋友也有可能变

成你的竞争者。面对这种情况，你既要保证彼此的情谊不受到损害，又不能失去进步的机会。

朋友与对手看似相互对立，其实并不矛盾，将朋友当作竞争对手，不仅能够促进彼此间的良性竞争，还能够让彼此都获得进步。这

时候，无论朋友还是对手，都变成了你人生中的一面镜子，时刻提醒你要善于反省，不断突破自我。

在恶性竞争中，你的眼睛将变成凸面镜，不仅扭曲了对手，也扭曲了自己。如果与朋友进行恶性竞争，你不仅会失去友谊，也无法获得成功。而在良性竞争中，即使朋友变成了对手，你也能够在对方的闪光处看到自身的不足，同时也看到自己的“人无我有”之处。

竞争的最好结果不是一个人的脱颖而出，而是两个人的共赢。

无论在竞争关系还是合作关系中，一方取得了胜利，就意味着另一方的失败。这种非黑即白的策略并不完全适合人类社会，因为你的胜利必定会让对方陷入失败，同时也让自己陷入危机中。所以，竞争的最好结果就是追求“共赢”。

比如一些商家总想着如何给消费者洗脑，从而获得更多的利润，可仍然会适当地让利给消费者。在销售员与消费者的博弈中，消费者希望以最低的价格买到最高价值的商品，所以销售员有时候不得不退让，比如告诉消费者：“如果您购买的话，我们将给您8折的优惠！”如果消费者认为某电器产品的维修费太高了，销售员会说：“如果我们给您提供半年的免费维修服务，您能够接受吗？”通过这样的“双赢”方式，销售更容易获得成功。

现实中的残酷竞争也是如此，你在进步的同时，你的竞争者也在追赶；同样，你被竞争者超越时，也会竭尽所能，奋力向前。这样的竞争收获的便是“共赢”。

朋友可以变成竞争者，竞争者也可以变成朋友。

生活中，我们总是会被一些错误的感觉欺骗，比如在竞争中，你以为身边的人不是敌人就是朋友，或者敌人的敌人就是朋友，这种错误的认知观念，常常让你吃尽了苦头。对于敌人和朋友，很多人的认识都是固化的，这就导致了感觉上的偏差。

世界大战期间丘吉尔告诉我们："没有永远的朋友，也没有永远的敌人。"这样的认识或许可以帮助我们改变自己的固化思维。友谊不是合作的必要条件，哪怕是敌人，只要满足了关系持续、互相回报的条件，也有可能合作。而朋友不一定都会给你带来益处，与朋友合作的时候也经常会出现分歧。

现代社会中，竞争是一种常态。如果你身边没有强大的对手，自己的潜能也得不到发挥，也不可能成为真正的强者。所以说，你不能害怕或拒绝身边的竞争者，他们很有可能就是你成长和进步的助力。我们更不能固执地看待对手与朋友的关系，即使对手也能成为朋友，而朋友可能是最强劲的对手。

找准关键：突破瓶颈最有效的方法

微博上曾经有个热门话题：上学的时候，你最讨厌哪种人？评论和点赞数最多的回答是：那种长相、气质极佳，不需要努力就可以考高分的“校园女神”。你仔细想想，这个世界真的存在这样的“女神”吗？有，而且她就在我们身边，比如哈佛才女——许吉如。

24 岁那年，许吉如刚从哈佛毕业回国，因为参加了北京卫视的《超级演说家》一炮而红，网上的点击量上亿，连汪涵都主动邀请她参加节目。由于她拥有深厚的人文素养和演讲天赋，所以有名的大节目都争相邀请她参加……年纪轻轻的她，为何会如此受追捧呢？

原因就在于她敏锐的思维和具有洞察力的眼力，她总能把复杂的事物理得很清楚，在烦琐的关系中找准关键点，从而看到问题的本质。这种能力不仅体现在她的演说中，还体现在日常生活的方方面面。她在一次演说中说到了帮一对双胞胎兄弟突破学习瓶颈期的故事。

几年前的一天，邻居阿姨突然愁眉苦脸地对她说：“还有 3 个月，你两个弟弟就要考试了，这半年他们几乎每周末复习，上补习班都花了好几万，可怎么学都达不到分数线，我真是一点儿办法都没有了。是不是我家孩子就只能是这个水平了？”

她找两位弟弟聊了聊，很快找到了问题的关键所在：他们只会死磕知识点，根本没有计划，也没有方法，更不懂得寻找外援。这样学习下去，他们恐怕累死也无法突破瓶颈。

于是，她帮助两位弟弟制订了详细的学习计划，并且告诉他们：“学习不是一个人的事，成绩越好的学生，越知道如何‘利用’外援帮自己学习，不仅省下时间，还能更快突破。”

随后，她又告诉他们一些实用的学习方法，来提高学习的效率。

经过几个月的努力，两位弟弟果然突破了学习瓶颈，凭借优异的成绩和面试表现，分别拿下香港耀中国际学校和香港美国国际学校的录取通知书。之后，他们还用她教的方法，一个改掉了一直都很难纠正的英语发音问题，另一个在数学竞赛中拿了奖学金。

可见，我们只要找准关键，突破学习瓶颈也不是什么难事。

无论在生活中还是学习中遇到什么问题，如果我们没有找准解决问题的关键点，那么付出再多努力也是白费。这就像一个人生病了，没有找到病因一样，胡乱下药是无法将病根治的。

深度思考能够帮助我们找准关键，看清事物的本质。

什么是深度思考？就是不断逼近事物的本质思考，从混乱到秩序，从表象到本质，从碎片到整体，从抽象到具象的一个思考过程。通过深度思考，我们能够找到更重要、更深刻、更本质的关键点，也就是透过重重的表层，追本溯源，找到问题的核心所在。

深度思考的重点在于过程，它又完全有别于思考的过程。我们是如何进行深度思考的呢？当我们发现未知的事物时，会在大脑中形成一个全新的概念，或者在面对书籍类的事物时，会在大脑中思考和发现它全新的一面。这样的思考算是深度思考。

比如，我们在树林中发现一种未知的生物，我们的第一反应是将它与自己心中已知的概念联系起来："这是一只猫还是一只狗？或者是一只狐狸？"这个过程只能算是"思考"。

如果眼前的未知生物与大脑中的所有概念都不相符，这时我们就会从各种角度进行观察，甚至慢慢靠近那个生物，从它的外形、颜色、气味等方面，去识别它究竟是什么。换句话说，我们会对这个未知的生物，进行深入的思考，一面寻找它与已知概念的共同点，一面尝试着有没有全新的发现……这一系列的思考活动，便能称为"深度思考"。

深度思考是如何找到更重要、更深刻、更本质的关键点的？

值得注意的是，我们在进行深度思考时，想要找到更重要、更深刻、更本质的关键点，并不是一件简单的事情。有时，我们必须走许多弯路，犯许多错误，甚至走进思维的死胡同。如果遇到这种糟糕的情况，首先要给自己多一点儿思考的时间，并且允许自己"犯错"。因为每个人都会犯"思考上的错误"，"犯错"只是为了加深思考，并且避免犯更多的错误。

另外，有的问题本身就已经很大程度上指明了信息检索的重点，我们很容易便能抓住其核心和关键点；有的问题则需要在信息的检索和交互上浪费很多的时间，因此我们不能操之过急，而应该在一种不省略思维过程的前提下充分思索，从而有了各种新发现，然后一步步靠近问题的核心和关键点。

我们应该如何运用深度思考来找准事物的关键所在呢？

哈佛大学工商管理学博士萧亮在新书《深度思考：透过表面看本质的六步思考法》中给出了答案。深度思考“六步养成法”的步骤是定义、抽离、辨别、筛选、设计和反馈，从一团乱麻中抽丝剥茧，找到问题的关键所在，方便我们找到解决问题的答案。

马克思主义哲学告诉我们，任何事物都具有现象和本质两重属性，现象是本质的外在表现，本质是现象的内在根据，现象离不开本质，本质也离不开现象，没有无现象的本质，也没有无本质的现象。因此，我们要学会“透过现象看本质”，正如哲学家叔本华所说：“一个明智的人就是一个不会被表面现象所欺骗的人，他甚至预见到了事情将往哪一方向变化。”

当我们拥有随时随地都能“找准关键”的能力后，解决问题就会变得异常简单。

学会欣赏：向成绩更好的人学习

每个人都有一种心理倾向，就是希望得到他人的认同与欣赏。如果你能够以欣赏的目光去看待身边的人，至少会有两种收获：一是良好的人际关系，二是对方的优点。

中国有一句古语叫“见贤思齐”，意思是说：看到德才兼备的人，要努力向他看齐，让自己也变得同样优秀。这便是见贤思齐带来的榜样的力量。然而，有的年轻人学习成绩平平，很少有努力与进步，就是因为他们始终自我感觉良好，不知道向身边优秀的同龄人看齐，也不知道自己和真正优秀的人有多大的差距。只有固定型思维的人，才会一直活在自己的舒适区，不和他人竞争，不向他人学习，永远如同井底之蛙一样，满足于现状。

2019 年的录取季，哈佛大学发生了一件极具争议性的事情：哈佛大学在向一位学生发出录取通知书两个月之后，又撤销了那位学生的入学资格。这是为什么呢？

原来，那位被撤销入学资格的学生曾在 2017 年编辑谷歌的共享文件时，使用了大量对黑人群体具有侮辱性的语言，并且多次诋毁一位女性。虽然他公开表示道歉，但哈佛仍旧强硬地表示，不会录取任何有歧视言论的学生。

哈佛是多元文化的汇集地，对各国留学生而言，如果不能以欣赏、认同的目光去看待他国文化，那么教育将无法正常进行。只有以欣赏的目光去看待文化差异，我们才有可能打破界限，实现多元文化的融会贯通。抱着歧视的目光只会让社会更加混乱。

哈佛教授经常会鼓励学生欣赏并认同他人，尤其是比自己更优秀的人。因为只有与优秀者为伍，我们才能让自己也变得优秀起来。如果你想像雄鹰一样在天空翱翔，就要向群鹰看齐，努力与群鹰并肩飞翔，而不是与燕雀为伍，整天在枝头嬉戏；如果你想像野狼一样驰骋大地，就要向群狼看齐，努力与群狼一起奔跑，而不是与鹿羊同行，整天在林间漫步。

学会欣赏别人之前，我们首先要学会尊重。

哈佛情商教授丹尼尔·戈尔曼曾经说过："要做到尊重每一个人，就要善于发现每个人身上的闪光点。"现代社会对于"成功者"的定义有很多种，比如学习成绩优异、为人处世得当、个人事业有成等等，都是"成功者"的重要标志。只要你能找到一个人的闪光点，无论他的身份和地位是怎样的，你都会发自内心地尊重、认可和欣赏他。

一个人的尊严是建立在平等和公正的基础之上的，所以我们必须学会以平等公正的态度去对待身边的人和事。面对比自己优秀的人，我们不能失去自己的尊严，可以学习、借鉴别人的经验，却不能成为别人的影子；面对不够优秀的人，我们也不能过于骄傲，要看到他人身上的闪光点，然后进行平等的交流。每个人都有自己的意愿，所以我们不能把自己的意愿和想法强加在别人身上，比如意见出现分歧时，要学会尊重对方，而不是固执己见。

在现实生活中，我们要学会尊重成功的人，表明自己对于成功的向往、追求和钦佩；同时也要尊重失败的人，表明自己对于失败者的同情、鼓励和安慰。

赞美是最好的认同，也是最好的欣赏。

每个人都希望得到别人的赞美，从而显示出自己的优秀。因此，情商高的人会抓住人的这种心理，利用赞美来拉近彼此间的关系。

赞美别人，你有可能也会得到同样的赞美，这是心理学上的“互悦机制”，简单来说就是“两情相悦”。这种人际交往中经常会出现的心理规律可以总结为：“假如你想得到别人的赞美与支持，那么就要让别人喜欢你，同时也让别人知道你喜欢他们。”

无论是赞美别人，还是接受别人的赞美，我们都应该注意以下几点：

1. 赞美也不能太过分

正如戴尔·卡耐基（Dale Carnegie）所说：“如果你只是想从别人那里得到什么，那么你就无法给别人真诚的赞美，更不能给别人带来快乐。”

2. 赞美一个人应该是真诚的，不能“假大空”

那些并不真诚的赞美之言只会让别人反感，甚至感觉受到了侮辱。所以，赞美应该是具体化的，要有事实的根据。

3. 赞美应该是发自内心的

当别人获得了成功，或者在某些方面表现得足够优秀，而你从内心认同时，你所发出的赞美才是最有价值的。请你千万不要为了迎合或讨好别人而违心赞美别人，因为这样的赞美是毫无意义的。

欣赏他人的过程中，我们也慢慢看清了自己。

古人云：“以人为镜，可以明得失。”我们在欣赏他人的优点时，往往能够发现自身的缺点，从而弥补自身的不足。一个欣赏的眼神，可以让对方获得深深的“认同感”；而那些不懂得欣赏他人的人，总让人感觉怀有偏见，他的否定中也常带着抨击与讽刺。

欣赏并不是羡慕，欣赏更像是对自己的期许，是有了学习与奋斗的目标。人人都有“小气”的时候，特别是看到别人成功时，嫉妒心总会不自觉地生长。这时候，我们如果能够将嫉妒转化为欣赏，便能让自己的心灵得到释放，同时也有了努力奋进的力量。

懂得分享：一起成长更显自我价值

哈佛大学给学生们提供了一个自由学习、相互交流的平台，事实上哈佛教授们都很鼓励学生们在学习过程中多进行交流与探讨，多和同学分享自己的学习经验。

有一位哈佛教授在课堂上问学生："假如你有 5 个苹果，你会怎么做？"

学生没有想太多，直接回答说："我会自己吃掉一个，另外四个分给朋友。"

教授似乎对这答案很满意，忍不住好奇地问道："为什么？"

学生回答道："我吃一个苹果，能品尝出苹果的味道，吃 5 个苹果还是品尝出苹果的味道，不如与别人分享，让别人也品尝苹果的味道。这样，5 份苹果的味道变成了 1 份苹果的味道与 4 份快乐，何乐而不为呢？"

教授赞许地点点头，微笑着说："这就是我今天要教大家学习的内容——分享越多，收获越多。"

当今社会讲究的是合作共赢，个人英雄主义早就行不通了。如果一个人想获得更多，必须要学会与人分享。因为分享越多，收获也越多。任何个人都没法担当全部，一个人的价值体现在与别人相互帮助的基础上。许多时候，与他人分享自己的知识，我们才能认清自己的位置和方向。而且，你在分享的同时，也会收到别人分享的知识，这就是资源互换。

青少年正值学习知识的黄金时期，在独立钻研的同时，要学会与大家分享新发现、新成果，相互磋商，彼此分享，创造一种积极互助的关系。合作能够产生合力，分享能让人领先一步。正如英国剧作家萧伯纳[1]所说："倘若你有一个苹果，我也有一个苹果，而我们彼此交换苹果，那么我们仍然各有一个苹果。但是，倘若你有一种思想，我也有一种思想，而我们彼此交流这些思想，那么我们每人将各有两种思想。"

分享的内容最好是你最擅长或者最热爱的领域内的知识。

所谓"三百六十行，隔行如隔山"，或许你已经在自己的领域内颇有建树，但是在你不了解的其他领域，仍旧有太多值得探索和学习的东西。如果沟通的目的是让对方收获一些有趣或有用的知识，那么你最好能够分享你最擅长和你最热爱的领域内的知识。

医生、厨师、消防员等职业的人才，或许已经无法让人提起兴趣，但是像私人理财师、AI技术研发者、旅游体验师等新兴职业人才，他们所分享的知识与行业内的故事，也许能够让人提起兴趣。除了分享自己最擅长的领域内的知识，还有人喜欢分享自己最热爱的

1　萧伯纳，全称为乔治·伯纳德·萧，George Bernard Shaw，英国剧作家。1925年，其因作品具有理想主义、人道主义等色彩而获得诺贝尔文学奖。

事，比如比尔·盖茨（Bill Gates）不止一次在公开场合谈到自己所热爱的慈善事业，那时他没有提及自己的微软帝国，没有提及自己的创业之路，而是希望更多人了解、支持自己所热爱的慈善事业。

为什么我们往往更认同那些在自己擅长的领域内有所成就的人呢？因为很多人会“迷信”权威，比如人们喜欢听沃伦·巴菲特谈股市上的风云变幻，喜欢听斯蒂芬·威廉·霍金（Stephen William Hawking）谈宇宙膨胀和光速，喜欢听马云谈电子商务在未来的发展趋势，喜欢听任正非谈华为是如何打入国际市场的……当这些大佬在谈论自己所擅长的领域内的知识时，大多数人会频频点头道：“说得真有道理！”相反，如果让沃伦·巴菲特谈宇宙、暗物质，其效果可想而知……

“最擅长的”代表着你在某个领域的专业性，“最热爱的”代表着你对某件事情产生的持续的兴趣与动力，两者都会在你的头顶打上“专业和可依赖”标签。

分享能够带来收获：分享的东西越多，收获的东西也越多。

学会分享可以使我们学会关心他人，关心自己；欣赏他人，欣赏自己；有效地团结协作，交际磨合；注意权衡自己在群体中的地位和作用，处理好人际关系；及时地把自己的想法以适当的方式表达出来，走出封闭的自我，积极接纳别人的看法，能够与他人进行心灵的沟通。

一个懂得分享的人，生命就像加利利海的活水一样，丰沛而且充满活力。只有懂得与别人交流和分享，我们才能够在智慧和情感的分享中不断地提升与发展。

有些人自我定位能力太弱，不知道自己擅长什么，甚至觉得自己一无是处。这时你可以学习一下美国著名的盖洛普公司所提出的“优势理论”，它明确地指出：一个人能否取得成功，关键就在于他是否能够避开自己的短处，并且充分发挥自己的优势。你的优势在哪里，就集中精力去学习、突破，让优势慢慢拓展为自己所擅长的专业技术或专业知识。

如果你想讲述的内容并不是自己所擅长的，那么请选择你最热爱、最想分享的内容，并且在第一时间告诉对方，你热爱此事，对此充满了热情。

富兰克林说过这样一句话："我读书多，骑马少，做别人的事多，做自己的事少。最终的时刻终将来临，到那时我但愿听到'他活着对大家有益'这样的话，而不是'他死时很富有'。"是的，分享才能共赢。所以青少年应该切记，任何时候都不要吃独食。一个懂得分享的人，才是一个富有爱心与责任心的人；一个懂得分享的人，才是一个知冷暖、知风雨的人；一个懂得分享的人，才是一个拥有高尚情操的人，才是一个成就大事业的人。

互动交友：打造一生受益的优质朋友圈

在这个重视社交、凭借人脉就能打天下的新时代，人际网络的组建已经成为人们的共识。它不仅是人生高度的基本标志，也是人际交往中“群分圈子”的基本符号。

中国有一句古话“物以类聚，人以群分”，只有相似的物种才会聚集在一起，只有共同的爱好者才会聚集起来。这些爱好相同、特点和语言相同的人聚在一起，便组成了生活中的“人际圈子”。

生活中的“圈子”也花样繁多，比如运动圈、文学圈、摄影圈和舞蹈圈；还有因为做同一件事情或者曾经做过同一件事情而形成的同学圈、同事圈；有因为喜欢同一位作家或明星而相聚在一起的粉丝圈；有为了达到某个共同目标而相互合作及制约的商业圈……有形或无形的圈子存在于我们生活的每一个角落，甚至人生中的每一个阶段。

哈佛校园中一直流传着这样一种观念：“你认识谁比你是谁更重要！”

在哈佛，学生们的校园生活核心可以总结为 3S：study（学习）、sleep（睡觉）、social（社交）。由于学生拥有的时间很有限，有时无法维持 3S 的平衡，这时他们宁愿选择放弃 sleep（睡觉），也要保留自己的有效 social（社交）。

“人脉”在哈佛校园中并不是一个难以启齿的话题，相反，哈佛会大方地向每位学生传授“人脉课”，有一些来自政界或商界的旁听生，还会利用哈佛深厚的人脉关系网拓展自己的人脉圈子。哈佛人脉课的授课模式也非常实用化，教授会根据大家的职业背景，把大家组织起来，形成背景多样化的小组，课前课后，学习小组可以展开讨论，用案例的方式进行分析。

> 哈佛商学院工商管理硕士康尼·张（Connie Zhang）在进入哈佛大学之后，才真正懂得人脉圈子的重要性。她先是在北大完成了国际经济专业的学习，之后顺利进入全球顶尖的制造巨头 GE，随后又踏入万千学子心驰神往的哈佛商学院深造。
>
> 在哈佛，她最大的感触就是“如果你通过努力成为优秀的人，那么就会有另外优秀的人、有价值的人愿意为你提供帮助”。哈佛教会她最重要的一课，就是利用人脉来实现自己的梦想。她认识了许多优秀的人，拓展了自己的人脉圈子，也获得了许多难得的机会。后来，克莱顿·M. 克里斯坦森（Clayton M. Christensen）教授从讲解知识的老师变成了指引她人生方向的导师。她觉得自己认识克莱顿·M. 克里斯坦森教授，是在哈佛的最大收获。

在讲究团队协作的现代社会，人际网络的建立对于人生格局的影响十分重大。

如果你能够有意识地拓展自己的人脉圈，那么无论走到哪里都不怕，无论做什么都更容易获得成功。因为广博的人脉总能够在你需要帮助的时候给你最大的帮助。

人脉将决定一个人的人生高度及事业成就。

有人认为，圈子就是个人资源与社会资源进行交换、整合、匹配的一种魔方。善于借用圈子，整合人脉，处理人际关系，你便左右逢源，青云直上。

从社会学意义上讲，圈子就是社群、部落、团体，通俗地讲，圈子就是关系网。

无论圈子具有怎样的定义，它对于人生的影响力都是无比巨大的。因此，你想要拥有成功的人生，就要有意识地组建自己的人际圈子，与各个行业的人相互合作，实现共赢，而不是忽视圈子，孤军奋战。一个人的力量永远无法和团队的力量相提并论。

积累人脉要有明确的目标性，不能盲目地进行交友。

一个人在拓展自己的人脉圈子时，通常会考虑到自身的需求，无论是为了挖掘自身的潜力，发挥自己的特长，让自己的优势变成财富，还是为了改正自己的缺点，弥补自己的不足，让自己的竞争力得到提升，又或许是为了让自己的事业获得更好的发展……

那么，什么样的人脉圈才能称得上优质的人脉圈呢？首先，组成圈子的人应该都是优秀的，这份优秀应该建立在个人情况之上。通常优秀的人有三种：一是经验比自己多的，二是关系比自己好的，三是实力比自己强的。优秀的人脉要根据自身的需求来核定。

如果你缺乏可利用的资源，就多结交一些拥有丰富资源的圈子；如果你缺乏资金，就结交一些富人组成的优质圈；如果你缺乏人脉，就结交一些拥有广阔人脉关系的优质圈。

只有与创建者相比，水平更高一等的人组成的圈子才能算是优质圈。因此，要组建一个优质的人脉圈子，你就要多结交一些比自己更优秀的人。千万不要只和比自己水平低的人为伍，那样只会让自己不断退步，甚至变得自负与慵懒。

形式上的人脉圈只会让你日渐消沉，只有实质性的圈子才能助你进步。牛顿曾经说过：“只有站在巨人的肩膀上，你才能成为巨人。”

我们去结识一些比自己优秀的人，并不是攀龙附凤、趋炎附势，而是为了取得成功，站在巨人的肩膀上。而且与优秀的人为伍，我们也会变得优秀起来。正如畅销书《圈子对了，事就成了》中的一句话：“一个人要想获得成功，除了自己的努力，还需要找到自己的凭借，找到乘凉的大树。借势、顺势、造势，因时而动，因势利导，方能成事。”

在组建人脉圈子时，你要学会利用“互惠原则”。

中国人一直很重视“礼尚往来”，在与人打交道时，只要态度和气，对方也同样会以和气的态度对待你。在每个人的内心深处都有一杆“公平秤”,“你敬我一寸，我敬你一尺”“欠债还钱，理所当然”“你犯狠，我比你更狠”……

在心理学上，人的这种行为被称为“互惠原则”。

“互惠原则”在生活中的表现为：“别人给予你了，你就给予别人；别人在剥夺你，你就想办法剥夺别人；别人怀疑你了，你也开始怀疑别人；别人爱你了，你也开始爱别人。”

在日常生活与工作中，我们懂得利用互惠的心理策略，不失时机地做出让步，并且要求对方给予一定的回报，能够得到更多的利益。这样的心理策略，要比“硬碰硬”的短兵相接更好。

第九章

保持决胜的姿态：向哈佛人学习如何管理压力

“哈佛式”解压：轻松应对每一次考试

在快速发展并且充满竞争的时代，每个人所面对的压力也越来越大。任何一个人的心理承受能力都是有限的，如果不懂得如何排解自己的压力，情绪就会变得十分不稳定，最终导致失望、悲观、沮丧等情绪，甚至出现失眠、恶心、头晕等症状。

无论我们拥有多充沛的精力，都不可能永远像机器一样运转不停，只有懂得劳逸结合、张弛有度，才能让自己处于最佳的状态。那些不知道排解压力的人，随时都有可能倒下，只有懂得适度地放松自己，才能让自己胜任更多的工作，才能提高自己的工作效率，走得更远。因为背负着沉重的包袱缓慢前行，不如释放压力，轻装上阵，这样我们更容易达到成功的终点。

哈佛“幸福学”导师泰勒·本－沙哈尔博士曾在自己的积极心理学课堂上发表一个观点，那就是“压力本身并不是问题，适当的压力对我们甚至还有益处”。

泰勒·本－沙哈尔博士明确指出，压力可以培养我们的忍耐力，让我们学会调整作息，从而更好地应对危机。比如我们在健身过程中，肌肉也在承受一定的压力，肌肉纤维在一定时间内甚至会被撕裂，我们通过吃一些富含蛋白质的食物，让撕裂的肌肉再生长出来，并且比以前更加强壮。这便是肌肉承受压力后的变化，撕裂—补充—生长，循环往复让我们获得更加强壮的肌肉，以及更加完美的身材。压力作用于我们精神的时候，其实也是同样的道理，让我们的大脑去应对，再通过解决问题获得更强的能力。但是去过健身房的人都知道，天天练只会造成肌肉拉伤，反倒是隔一天一练或隔两天一练才能获得效果。只有过大、过频的压力才会压垮我们，没有恢复的时间，才是造成我们抑郁、焦虑、心理不适的罪魁祸首。

如何才能让自己的精神状态快速恢复呢？

泰勒·本－沙哈尔博士的建议是：给心理一个“恢复时间”，这种心理层面上的休息才是我们应对压力的方案。那么心理层面上的休息有哪些呢？泰勒·本－沙哈尔博士的推荐是冥想、瑜伽（短期休息）、健身、午餐（中长期休息）、休假（长期休息）。这些休息方式都有助于我们恢复精力，从而获得持续的力量，引导我们在工作中做到最佳。

泰勒·本－沙哈尔博士还在课堂上开玩笑说：“结合我自己的实际情况来看，其实在陪伴两个孩子的过程中，我就已经获得了一种高级形式的休息了。虽然在陪他们的过程中免不了又跑又跳，但是身心是完全放松的，心理上是十分愉悦的，如果此时没有工作压力的干扰，这种休息方式无疑会使我们获得高层次的心理舒适。”

确实，适当的压力可以磨炼人的意志，锻炼人的能力，让人不断进步。可是如果压力过大，甚至超越了自身所能承受的极限，那么就会使得自己身心俱损，甚至被压力打垮。因此，当你感到自己压力巨大的时候，不仅要学会承受，还应该学会如何去给自己减压。

一直处于高压状态下，只会让你越走越艰难。

很多人以为整天工作，让自己始终处于高压之下，就能够拥有较高的效率。其实，效率和花费的时间不一定成正比。在巨大的压力下，你还迫使自己不断工作，只会让你的体力和创造力受损。所以，作为拥有远大理想的人，你必须花时间去休息和放松，当你真正平静下来之后，才能够获得更多的力量再次出发。

这时，你一定会感到轻松愉悦，并且把工作当成一种享受。一旦你了解到工作结果比工作过程更让人感到满足，你就更有动力去工作了。

面对巨大的压力时，你应该学会克制感性的思维，进行理性的思考。

我们都知道，人是感性的动物，无论是小商品的选择，还是大型商务活动的策划，甚至是选择一生的伴侣，我们都会受到感性思维的影响，有时会做出并不理性的选择与判断。

感性思维最大的特点就是触发你的冲动情绪，当你面对巨大的心理压力时，思维会自动切换到感性思维模式下，让你出现烦躁、抑郁、悲观、绝望等负面情绪，甚至做出一些极度不理智的事情。每个人都会受到感性思维的影响，可是你不能因此被感性思维控制。

只有理性思考才能帮助你战胜自己，从根源上释放内心的压力。

找到释放内心的压力的方法，可以让奋斗之路走得更加轻松，更加长远。为了让你的压力得到释放，让你的身心更加放松，你可以尝试着这样去做：

1. 休息时间多与人交流，促进与他人的良好关系；

2. 适当的运动可以让你身心放松，记得选择适合自己，并且自己喜欢的运动；

3．音乐的降压功能是最显著的，你可以选择一些自己喜欢的音乐，让自己在舒缓或者躁动的音符间渐渐放松下来，然后再深吸一口气。这样压力就会烟消云散了；

4．再大的压力，你也可以用笔“画”掉。画画能够表达一个人的情感，从画中也可以读到作画者的心灵。当你面对压力的时候，可以画一切想画的东西，甚至可以把自己工作中遇到的人和事画出来，然后会心一笑，压力自然就没了；

5．美国著名营养师乔伊·鲍尔（Joy Bauer）说：“食物的力量是无穷的。”以什么样的方式摄入什么样的食物，会在一定程度上影响人们的心情、记忆力及皮肤。为了维持每天的身体所需，我们必须从外界摄入一定的食物，因为科学合理的饮食结构可以帮助人们养成良好的性格习惯，还可以帮助人们缓解心理上的压力。

人生本来就是一场负重的远行，你只有学会给自己减压，才能轻装上阵，走得更加长远。否则，你就会越走越艰难，在获得成功之前，就先被压垮了。

在批评中进步，那些促进你成长的声音

在美国律师协会认可的两百多所法学院里，哈佛大学法学院与耶鲁大学法学院一直排在前两位。能够在哈佛法学院读书的学生，自然会终身引以为傲。不过也有例外，比如哈佛法学院毕业生杜罗（Duro），他并没有因为自己曾就读于哈佛法学院而感到自豪，反而写了一本书来批评哈佛法学院，书的名字是《哈佛新鲜人——我在法学院的故事》。

在这本书中，杜罗对教育顶端的哈佛法学院进行了无情的批评："学校内覆盖着一层华而不实的假象，充斥其中的是将此地神化的虚幻信仰以及一大群盲目的信徒。潜移默化的教育让大家不知反省地崇拜它。这种象牙塔内的自吹自擂的态度持续到现在，许多教授依然时时刻刻传递类似的信息。"杜罗甚至在书中直言不讳："哈佛法学院教授的自恋在某种程度上已经到了'令人厌恶的地步'。许多法学院的教室，特别是法学院新生第一年的教室是使他们感到孤独、尴尬、蒙受羞辱的地方……"

面对如此严苛的批评，哈佛法学院的态度则要显得"绅士"许多。对于杜罗在书中提到的某些问题，哈佛法学院表示会"考虑改革"；而对于书中言辞过激以及言不符实的地

方，哈佛法学院也表明了自己的立场。毕竟杜罗一直声称自己抱着“批评中理性改革的信念”，所以，哈佛大学也在批评声中做出了反思，并且制定了相应的改革完善措施。

百年哈佛都有遭受批评的时候，更何况普普通通的人呢？

无论一个人有多么优秀，肯定都有做错事的时候，肯定也遭受过批评——父母、老师、长辈、朋友甚至陌生人的批评。遭受批评并不算是一种愉快的经历，批评可能会让你感到委屈、急躁，甚至愤怒。但一个人之所以会有这样的情绪，其实是由于不能正确对待批评。如果对批评都能有正确的态度，能换一个角度去看待批评，那么批评就会成为我们人生道路上重要的“醒世恒言”，更是促进我们成长的声音。

大多数人在遭受批评时，会产生反抗情绪，而不是虚心接受。

通常当一个人受到批评时，潜意识里都会立刻产生一种反抗情绪。有的人会立刻跳脚说“绝对不是那样！”，有的人又会委屈地掉眼泪说“我受了冤枉”，有的人还会愤怒地反驳“你才那样！”。总之，大部分人一听到批评，心就会马上被搅起波澜，进而情绪也就变得激动起来。但是谁又能不做错事？谁又能没有缺点？有人帮忙指出错误与缺点，但受批评者甚至连话都不让人家说完，就用恶劣的态度去对待他人，更有甚者，凭借自己位高权重，对批评者施加压力。这样一来，的确，周围再也没有批评声了，可这样真的好吗？

现在让我们来看看美国前总统亚伯拉罕·林肯的做法吧！

爱德华·史丹顿（Edward Stanton）是林肯在任期间的军务部长。有一次，他生气地骂林肯是“一个笨蛋”，因为林肯干涉了他的工作。原来，林肯当时为了取悦一个很自私的政客，签发了一项命令，要调动军队。但史丹顿拒绝执行林肯的命令，并大骂林肯，说他签发这样的命令简直就是笨蛋行为。林肯辗转从他人口中听到史丹顿说的话之后，并没有发火，而是非常平静地说：“假如史丹顿说我是个笨蛋，那我一定就是了。因为他几乎很少出错，所以我想我得亲自去问问到底是怎么回事。”林肯果然去见了史丹顿，了解具体情况之后，他才知道是自己签发了错误的命令。于是，林肯当即收回了命令，并诚恳地向史丹顿表示了歉意。

当时身为总统的林肯面对批评，并没有暴跳如雷，也没有下令解除史丹顿的职务，而是平静地思考，认真地去聆听。林肯能诚恳地对待他人的批评，因此也避免了很多错误。

感谢生命中所有的批评，让我们活得更加清醒。

哈佛大学中有这样一句名言：“不能耐心地听取批评，你就无法接受新事物。”

很多人不愿意接受批评，因为批评就像刺猬，看着难看，碰上了也扎手。但刺猬性格温顺，举止憨厚可爱，有些人还将其当成宠物。其实，批评也是如此，虽然乍一听上去很难听，可换个角度来看的话，批评会对每个人有无穷的帮助。所以，我们向批评鞠个躬、道声谢吧，因为批评是老师，它会让人少走许多弯路。

因此，我们还应该感谢批评我们的人，无论对方是恶意的还是善意的，无论批评使我们恼羞成怒还是幡然醒悟，无论批评让我们无地自容还是良心发现。感谢批评我们的人，恶意的批评更令我们刻骨铭心，如果我们懂得调整心态，就会发现批评无所谓恶意还是善意，因为竞争无处不在，不能内省激发向上的力量，才是人生最大的悲哀。

面对善意或恶意的批评，我们应该做出怎样的选择？

我们要学会分辨，有的批评是善意的，是有人发自内心地希望我们变好；有的批评却是恶意的，甚至是故意抨击和讽刺我们的。所以，你所面对的批评，无论是好是坏，无论是接受还是无视，完全取决于自己的选择。你肯定拥有明辨是非的能力吧？

如果你不知道某些批评是否对自己有价值，可以尝试着这样去做：

1. 将批评写下来，不要掺杂自己的情感；

2. 删除那些难听、污蔑、充满人身攻击的字眼；

3. 检视重点：在剩下的内容里，检视你没做好或者需要调整的部分；

4. 调整或抛弃：如果有值得你去调整的部分，那就尽力调整；如果没有，那就把这张纸揉成一团扔进垃圾桶里！

通过这样的检视，我们能清楚地知道，这个批评是否值得我们反思。

再坚持一下：哈佛人直面困难的决心

从小到大，我们听得最多的一句“鸡汤”就是“坚持，坚持，再坚持”，只有最执着的人，才能取得好成绩，只有努力了才能找到好工作，过上好的生活。

不过，现实的世界总让我们措手不及，甚至难以接受。我们看到，在现实中，有人刻苦学习，不分昼夜地背诵课文、单词和语法；也有人成天玩乐、各种舒坦。星期天，有人忙着逛街，和游戏队友披甲厮杀；有人却趴在书桌上啃书，解析各种几何题……可想而知，这两种人最终会有怎样的回报。

一个人是否能战胜困难，顺利解除危机，往往取决于这个人有没有坚定的信念，有没有为了成功而坚持下去的决心。只有决心把事情做好时，我们才会拿出更多的热情，全身心地投入进去，决不轻易放弃，哪怕前面看起来真的无路可走，也要勇敢地走下去。这不是盲目，而是一种执着的求索精神，在这种精神面前，所有的困难和危机都将变得渺小起来。

不信，我们看看哈佛学霸张胜男的故事：

张胜男有一个非常洋气的英文名叫“Cicy”，她浑身上下都散发着“国际化”的气息。上大学时，她所创立的“青年力量”公益组织影响力巨大；大学毕业前，她的足迹遍布全球24个国家和地区，做实习生、志愿者以及职业讲师；她还拒绝了哥伦比亚大学的offer[1]，选择了梦想学府哈佛；2016年，她更是成为罗德奖学金的13位最终候选人之一……

这些光荣事迹让张胜男成为年轻人眼中真正的“偶像”。很多人说，她的成功之路不可复制，毕竟世界上的天才并不多。张胜男却从未把自己当成天才看待，无论做什么事情，她的眼里只有四个字——坚持到底。在她看来，任何困难只要再坚持一下都可以解决。

张胜男“坚持到底”的性格是从小养成的。

小时候，家人给张胜男报名蹦蹦跳跳英语班，她学得非常开心，也学得非常好，时刻拿出小本子来背单词。后来她又学习了新概念英语，小小年纪的她已经够资格在成人班里跟着学，3篇课文一个小时，她往往一节课就能全部记住。

小学时她学习珠心算，老师对她说：“胜男再努力点儿，成绩会更好！”她把老师的话听进了心里，每天回到家都坚持练习，这样坚持了好几周，珠心算水平果然突飞猛进。

初中时要背诵英文单词，她便用家里的录音机录制了每篇课文后面的新单词，然后一遍遍放给自己听写。这样执着的学习态度，让她的学习成绩始终遥遥领先于同学。

这样的坚持让张胜男获得了一次又一次的成功，她相信坚持到底就能走到自己想去的地方，得到自己想得到的东

---

1 Offer，全称是offer letter，录取通知。

西。不过在坚持的道路上，除了一帆风顺，还有惊涛骇浪。当挫折与打击袭来之时，我们应该再坚持一下，还是勇敢放弃呢？

高考遭遇“滑铁卢”，让张胜男的人生跌入低谷。她只能从第一志愿北京大学滑档100多分去第二外国语学院。虽然她的心里暗藏着不服和傲气，甚至认为自己高中三年的努力都白费了，但是她仍旧没有选择放弃，让自己意志消沉下去，而选择坚持去做自己喜欢的事情。

大一那年，张胜男参加了一个国际交流活动，第一次自己出国。古老而神秘的埃及成了她的首选地。她以为埃及就是一个黄沙漫天、金字塔陪伴着夕阳的世外桃源，没想到现实中的埃及却是一个在战火中分崩离析的国家。

从埃及做志愿者回国后，她在朋友圈里写了一句话：“此生辽阔，何必轻易束手就擒。”

她渐渐认识到，大多数人对于世界的认知，还是来源于新闻或媒体报道，至于世界真实的面貌是怎样的，知道的人少之又少。与自己所拥有的物质生活与教育资源相比，世界上很多同龄人无疑是贫瘠而可怜的，她能够为这些人做点儿什么呢？

她内心又有了坚持的方向，于是将脚步迈向了更远的地方——印度、越南、以色列、摩洛哥、欧洲和北美。她每去一个地方，都会关注那里的风土人情，去认识最真实的世界。

2016年，张胜男从第二外国语学院毕业后，已经拿到了哥伦比亚大学的offer，但是她选择再等一年来申请哈佛。在这一年她申请去了德国和哥伦比亚当志愿者，还挑战了罗德学者项目，并且成为罗德奖学金的13位最终候选人之一。虽然最后落选了，但是她十分坦然地说道："成功和失败都不会改变一个人，它们只是人生动态平衡中的高低点。"

她的坚持最终换来了世界上最好的礼物——哈佛大学的offer。现在，她在哥伦比亚政府项目中工作。有人问她："为什么有那么强的意志力坚持做一件事呢？"她笑着回答："做一件事应该出于兴趣而不是恐惧，坚持下去要靠热情而不是意志力。"

无论做什么事情，我们只要能够"再坚持一下"，就拥有了获得成功的力量。

如果你的坚持没有得到任何回报，只能说明你坚持的时间不够长久。

今天你坚持下去，继续为明天的目标努力，克服心理上的懒惰，一步步实现自己的目标，那么今天的你就是成功的。今天是明天的基础，今天的事情做好了，明天才有可能成功。所以，你要继续努力，绝不能习惯失败，路是自己选的，即使再苦再累，跪着也要走完。始终要记住，梦想一旦在路上，你就要一直坚持下去，直到实现为止。

当危机降临时，逃避解决不了问题，只有坚持能带给你出路。

当危机出现时，你应该想办法去解决，而不是想着逃避。因为就算你现在躲过了，以后还是要面对。所以，逃避没有任何意义。只要你懂得坚持，懂得执着的艺术，生活中的一切危机都会迎刃而解。"世上无难事，只怕有心人"说的就是这个道理。

只知道逃避的人，遇到困难就会选择退缩和放弃，无论什么事都无法坚持。

这一刻选择了放弃，下一刻就无法再坚持，以后你更不可能再坚持了。这一刻选择坚持，下一刻就不会放弃，一直坚持下去，到最后你就会有意外的收获。

一天和十天的区别不大，一年和十年却可以有天壤之别，这便是执着的艺术。成功就是再坚持一下，因为你离成功可能只有一步之遥。

成功是一个由量变到质变的过程，在这个过程中你需要一如既往地坚持，才能看到最终的胜利。很多人往往在成功的前一步突然放弃，因为一连串的打击和折磨让他们看不到希望，产生了错误的判断，其实他们只要再多坚持一下，就能获得成功。

人生目标的实现不可能一帆风顺，生活中的磨难并不比机遇少，特别是当你接近成功的时候，磨难会越来越多，你的斗志也会在漫长的旅程中越来越薄弱。这个时候，如果你没有坚定的信念，就没有办法继续坚持下去。

那些成功者之所以能成功，是因为他们无论遇到多大的困难，都不会停下自己的脚步，义无反顾地坚持下去，依然把自己所有的激情全部投入到前方的道路上，哪怕危机重重，他们也不会放弃。正是因为他们多坚持了一下，成功就这样出现在他们面前了。

永不放弃的人，遇到多大的阻碍都能找到坚持的理由，而不是放弃的借口。

在哪里跌倒就在哪里站起来，让失败更有价值

失败是每个人成长之路上都会遇见的“不速之客”。这个世界上没有人喜欢失败，可是又无法避免。很少有人能够潇洒地告诉自己：“失败是成功之母。”因为这是一句苦涩的安慰，更像是自我欺骗。大多数人在失败之后便选择了放弃，很少会给自己重来的机会。

当一个人被失败的体验包裹之后，他的思维圈层就难以突破。人生最可怕的事情，就是将自己定义为“失败者”，这样即使自己有能力获得成功，也会因为放弃挣扎而重复失败。

有的人之所以获得了成功，笑到了最后，是因为他们有一种永不言弃的精神。即使自己失败了，他们也永远都不放弃重来的机会，如此一步步靠近目标，一点点获得成长，最终厚积薄发，站在了人生的最顶峰。一个人只有屡败屡战，最终才有取得辉煌的成就的可能。在遇到困难的时候，我们要学会迎难而上，这才是成功者的个性，见难而退则不会有希望。

在面对同样的困难、挫折与失败时，不同的人会有不同的选择。

有的人在失败后选择了轻易放弃，让失败成为定局；有的人在失败后，却选择再试一次，这样的坚持让他们最终实现了自己的人生目标。不同的选择，自然会带来不同的结果。

有一位美国女孩，家庭环境十分不和谐。母亲在她很小的时候就离她而去，父亲整天只知道喝酒，根本不管她。

由于对爱的极度渴望，她早早就开始谈恋爱，可是遇人不淑，15 岁就有了堕胎的经历。

她知道，除了自己打拼，她别无选择。然而过了很多年，她的生活依然没有稳定，结婚不久的丈夫又提出了离婚。而这时候，她又被确诊患上了生殖系统疾病……

拥有这样的一生，她是不是拥有充分的理由去抱怨和堕落呢？然而她并没有这样做，而是不断给自己重来的机会，努力给自己寻找一条出路。在好朋友的建议下，她开始将自己的真实经历写进书中。没想到，她写的书赢得了读者的强烈兴趣与认同。

这位美国女孩就是《纽约时报》畅销书排行榜连续 50 周第 1 名的《生命的重建》的作者路易丝·海（Louise Hay）。她没有因为生活陷入绝境而发出半点儿抱怨，反而劝导人们要学会忍耐，要给自己重来的机会，她在《生命的重建》中一心讲述自己调整生活以及战胜疾病的经历。

当我们遭遇现实的打击、错误或者失败的时候，可以跌倒，但是不能趴下，更不能失去内心的坚强。如果我们在一次失败之后就自暴自弃、意志消沉、一蹶不振的话，那么失败之后就只能还是失败，之后是一连串的失败。但是，如果在第一次失败之后重新审视自我，永远都不放弃重来的机会，那么我们就很有可能获得一定的成功。

失败并不可怕，可怕的是不愿意承认失败。

在现实的世界里，每个人都会经历无数的困难、挫折和失败，如何在重重打击之后重新出发，并且从失败的经验中寻找未来的出路，才是我们应该去思考的问题。可能在很多人看来，失败是一件很可怕的事情，所以他们从来不敢正视自己的失败，只知道怨天尤人。

心理学上有一个著名的“特里法则”，它源于美国田纳西银行前总经理 L. 特里（L. Terry）的一句管理名言：“承认错误是一个人最大的力量源泉，因为正视错误的人将得到错误以外的东西。”

在每个人的意志行为中，出现错误与失败是再正常不过的事情，而对待错误与失败的态度将决定我们的未来。尽管从小受到的教育告诉我们，失败是成功之母，失败了并不可怕，跌倒了就要再爬起来……可现实的情况并非如此，很多人害怕失败，在失败后也没有及时爬起来，而是破罐子破摔，长时间沉溺在失败的阴影中。人类时常无法兑现自己的承诺，这些看上去很简单并且理所当然的事情，有些人往往难以做到，实在让人感喟不已。

永远不要选择放弃，在哪里跌倒就在哪里爬起来。

哈佛“幸福学”导师泰勒·本－沙哈尔说过：“每个人必须经历蹒跚学步才能走出优美的步伐，每一粒沙都要经历千辛万苦才能成为珍珠。同样，每个人也要经历无数次失败，经历在失败之后的坚持不懈，才能够到达成功的彼岸。”

我们身边从来不乏这样的青少年——因为一次的失败就选择了放弃，也有一些青少年因为成功而不断进取。世界上没有人能不努力就直接成功，因为天上是不会掉馅饼的。当然也没有人能从走向目标的第一步直到最后一步都是成功的。一个人只有脚踏实地、认认真真地去做每一件事，成功了，不骄傲，失败了，不气馁，这样才能成为一个真正成功的人。

强大的抗挫力，哈佛人是这样成长的

每个人都会遭遇挫折，有时残酷的打击会给我们造成严重的损失，不过换一种角度去看待挫折，却会有意想不到的收获：挫折也能给我们带来成长，甚至激发我们的潜在力量。

当你经受住挫折之时，你便完成了自我的超越，有机会打破以往既定的思维模式，渐渐远离那些不成熟的想法。简单来说就是，只要你没有被挫折打垮，无论怎样的挫折都会带领你走向自我进步的道路！这样看来，挫折也并不是那么让人讨厌了。

相反，那些没有正视挫折的人，最终都会被打败，人生也会陷入困境。

邓琳曾是别人眼中的“天才少女”，从复旦大学毕业后留学于美国哈佛大学，曾获自然科学硕士、哲学博士、哈佛大学医学院的博士后等成绩。

然而，就是这样一位哈佛女学霸，却因为从小娇生惯养，事事被安排得妥妥当当，在进入社会后变得不堪一击，在挫折面前变得软弱无力。仅仅是因为毕业后没有很快找到让自己满意的工作，她就患了精神病。

谁也不愿相信，拥有如此高学历的人，居然会被一点儿小的挫折打败。

可事实就是如此，学历再高，知识再渊博，如果你没有一点儿抗挫能力，又如何立足于社会，让自身的才华得到施展呢？

这个世界上有两种人，一种是直面挫折，不断适应并努力做出改变的人；另一种是害怕挫折，在挫折中苦苦挣扎的人。其实，人的体内原本就蕴藏着巨大的潜能，在挫折中愤然崛起便是其中表现的方式。不知道如何面对挫折的人，就是放弃生命潜能的人，他们终将无法成功。

除了智商和情商，你还必须知道“逆商”。

1997 年，美国心理学家保罗·史托兹（Paul Stoltz）提出了“逆境商数”这个概念，简称逆商。这一概念的提出，花费了保罗·史托兹好几年的时间。

那时候，人们才知道，世界上不仅有智商与情商，还有逆商。

在一次发布会上，保罗·史托兹说：“为什么在资本、智力与机遇都相似的条件下，有人能够平步青云，越来越成功，有人却一败涂地，越来越失败呢？最根本的原因就是人们面对逆境的能力不同，也就是个人逆商不一样……”

由此，人们开始重视逆商，甚至将它当成一种能力来培养。

当挫折来临的时候，你选择了放弃，就等于承认了失败。

在漫长的人生旅途中，有一些人虽然努力过，但是效果不明显。因为他们身处逆境，那漫长而毫无希望的征途让他们感到厌倦了。于是，他们选择停滞不前，甚至逃避。

发现逆商背后隐藏的力量，你可以扭转败局。

一个人的逆商是高是低，可以反映出这个人的抗压程度与危机意识。

心理学家保罗·史托兹指出，想要对逆商进行更加全面的认识与衡量，发现逆商背后的力量，就必须从以下四个方面进行考察：

1. 控制

在遭遇挫折时，你是否能够控制好局面？人的控制能力分为两种，一个是对自身的控制，二是对外部环境的控制。

2. 归因

你是否知道自己身处逆境的原因是什么？当身处逆境时，逆商较低的人会下意识地将引发逆境的原因归咎于外界；而逆商较高的人会主动承担责任，相信改变自己就能控制好所有局面。这便是高逆商者和低逆商者在归因上的区别。

3. 延伸

你是否会让逆境延伸并影响到其他方面？高逆商的人能够将逆境带来的负面影响控制在一定范围内，而不会任其延伸、扩散到生活的其他方面。比如在困难出现时或者工作遇到瓶颈时，高逆商的人绝不会因此将坏情绪带到工作以外的正常生活中。

4. 耐力

你能够在逆境中坚持多久？在高逆商的人看来，任何逆境都只是暂时的，他们相信只要坚持下去，就一定能够走出困境，所以他们往往拥有战胜挫折的惊人耐力。低逆商的人却认为逆境是不可能被打败的，自己也努力过，但所有的努力都是白费工夫，所以他们只会认命，在逆境中画地为牢，一直消沉下去。

当你通过以上四个标准去衡量自己的逆商时，你就会发现隐藏在逆商背后的力量。你的人生属于你自己，无论你遭遇了怎样的挫折，身处逆境还是顺境，都应该拥有积极乐观的心态。

高逆商者拥有“强者”的认知，对成功怀揣强烈的自信心。

当挫折出现时，低逆商者只会自怨自艾、手忙脚乱，而高逆商者会勇往直前，始终保持强者的姿态。在高逆商者的认知里，自己就是一位可以战胜挫折的强者。

或许低逆商者从一开始就没有看到成功后的喜悦，而只看到失败时的痛苦。因为在真正行动之前，他们就已经产生了畏惧与退缩的心理。

高逆商者却会通过对环境的分析，做好迎接困难的准备，他们从来没有想过退缩，也没有想过实现目标会一帆风顺，因此会竭尽全力去战胜挫折，走出逆境。

绝不气馁的精神：攀登更高的山峰

中国有一句话叫“成王不骄，败寇不馁”，意思是取得成功的时候，不能骄傲；遇到挫折与失败后，也不能气馁。无论我们在生活中遇到了什么事，都要有攀登更高峰的勇气！

这也是哈佛教给学生的绝不服输、绝不气馁的精神。

为什么人们都害怕失败呢？因为在很多人的认知里，失败是一件很“可怕”的事情，因此他们从来不敢正视自己的失败，更不知道从失败的经历中吸取教训与经验，而只知道怨天尤人。那些遭遇失败的人，总是迫不及待地想要翻过这一页，仿佛自己的错误有多么不可原谅似的。可是，成功与失败原本就是不可分割的，一个人如果没有经历过失败就很难成功，也没有哪一个成功可以跨越失败而独自存在。当我们遭受失败甚至陷入困境之时，应该怎么办呢？

下面这个故事可能会给你一些启发。

一位小男孩出生于澳大利亚，他一出生就吓坏了所有的医生和护士，因为他身体只有可乐瓶那么大，而且没有肛门，腿还是畸形的。

医生看着育婴室里奄奄一息的“可乐瓶”，对他的父亲说：“这个孩子活不过24小时！”

可是，“可乐瓶”顽强地活了下来。在他度过危险的24小时之后，医生又断言他活不过1星期、1个月、1年……事实证明，“可乐瓶”的生命力远远超过医生的想象。

在家人的精心呵护下，“可乐瓶”不仅活了下来，还一天天地长大了。

你可以想象一下，由于身体上的残疾，他度过了一个怎样的童年，又拥有怎样的青春。

上小学时，几位淘气的同学用绳子绑住他的手，用胶布封住他的嘴，然后将他扔进垃圾箱里，又在垃圾箱外面点起了火。在滚滚浓烟中，“可乐瓶”几乎要窒息了，瘦小的身体不断挣扎，直到老师发现后将他救了出来。

17岁的时候，“可乐瓶”的畸形腿像尾巴一样翘了起来，让他的行动更加不便。于是，家人带他去做了腿部切除手术。手术后，他用滑板代步，行动更加自如，却变成了“半个人”。

青春期的“可乐瓶”也和其他男孩子一样，敏感、脆弱、任性，他忍受着同学们好奇和嘲笑的目光，同时也努力学习。高中毕业后，他趴在滑板上去找工作，结果都被拒绝了。有谁愿意聘请一个“可乐瓶”呢？人们甚至不知道他能做什么。

在失败无数次之后，“可乐瓶”终于在一家杂货铺找到了自己的第一份工作。好心的店主让他帮助拧螺丝钉。那时候，他感到很开心，笑得很灿烂，因为自己终于可以自食其力了。

一次偶然的机会，父亲的朋友邀请他去宴会上说一说自己的经历，结果他短暂的演讲轰动了全场。他表现出超强的演讲天赋，也在演讲中找到了丢失太久的自信。

演讲结束之后，他一个人来到海边，望着汹涌澎湃的大海，内心无比激动……

如今，“可乐瓶”已经成为世界著名的激励演讲大师，他的经历让人惊奇，也感动、激励了无数人。这位身高还不到1米的演讲大师，曾经和美国前总统克林顿[1]同台演讲，曾经受过南非前总统曼德拉[2]的接见。他喜欢各种运动，如驾车、钓鱼、游泳、跳水等。他前后去过190多个国家，巡回演讲800多场。现在，他还拥有一位美丽的太太和一个健康的儿子，命运之神最终还是眷顾他。他的名字就是约翰·库提斯（John Coutis）。

这位演讲大师还来过中国，并且对中国记者说：“来到中国，我经常听到朋友们说‘我今天过得不快乐’。我不明白他们为什么不快乐，就像我自己并不会觉得自己有多不幸，因为还有人比我更不幸。当我沮丧的时候，就想我是正常人，我也会经历人生的起落，这样我就有了继续奋斗的动力！”

每一个人都是自我命运的建筑师。你以怎样的实际行动去面对逆境，足以证明你的逆商是高还是低，而命运会根据你的表现来给你打

---

1 克林顿，全称为威廉·杰斐逊·克林顿，英文名为William Jefferson Clinton，美国民主党政治家，1992年成功当选为美国总统。

2 曼德拉，全称为纳尔逊·罗利赫拉赫拉·曼德拉，英文为Nelson Rolihlahla Mandela，1994年至1999年间出任南非总统，是南非首位黑人总统。

分，并且最终判定你是成功者还是失败者。

其实，这个世界上根本就不存在永远的失败者。当你因为心理误差或者外界干扰而做出错误的决定时，不要以为它会影响你一生的方向，因为很多大的失败是由一连串小的错误组成的，只要能够避免某一个环节上的小错误，就能避免造成败局的大错误。

这和中国的“亡羊补牢”十分相似，当羊圈出现破损，羊被狼叼走时，主人开始查找原因，修补漏洞，避免了之后的损失。如果主人没有发现窟窿，也没有进行及时的修补，那么整圈羊可能都会被狼叼走了。所以，当失败不可避免地出现之后，我们要做的不是自怨自艾、灰心气馁，而是立刻行动起来，弥补自己的错误，让失败的影响逐渐缩小。

在巨大的挫折面前，成功者只会迎难而上，不会被困难击倒。

我们应该让自己拥有永不服输的精神，这不是一种口号，而是你应该切实去做的事情。只要你有一颗永不服输的心，有一种越挫越勇的意志，内心就会升腾起一股勇往直前的勇气，生命也将闪耀绚烂的光芒。

一个人进步与成长的过程中，总是伴随着许许多多的困难，如果在困难中停滞不前，或是随便就放弃，那么就不可能看到成功。只有坚持下去，才是唯一的出路，特别是陷入危机的时候，坚持的意念会产生强大的动力，帮助我们找到克服困难的办法。

每个成功的人都经历过无数次失败，他们正是在这些失败当中，找到了成功的方法。如果因为一两次失败就放弃，你自然不可能获得成功。

如果不能成为走得最快的人，那就成为走得最远的人。

在漫漫人生路上，能够脱颖而出的人，并不一定是走得最快的那个，而往往是走得最远的那个。

其实，逆境并没有那么可怕，每当你走过一个困难，便离成功近了一点儿。如果能够在逆境中始终保持这样的进步，哪怕只是微小的进步，你也终将会走向成功。

如果人是茶叶的话，命运就是一壶温水或滚烫的沸水。茶叶在沉浮之间释放了怡人的香气，生命经历挫折与坎坷才能散发出光彩。人生也像沏茶一样，只有经历沸水的浸泡，才能在沉浮中散发出幽香；只有保持绝不气馁的精神，你才能攀登更高的山峰！